Marketing and Sales
市场与销售丛书

Successful Selling

成功销售

[英] 克莉丝汀·哈维（Christine Harvey）著

朱禛子 译

ZHEJIANG UNIVERSITY PRESS
浙江大学出版社

前言 Introduction

　　把销售作为一种职业的想法使许多人害怕，然而销售与任何一种业务都密不可分。每一种业务对优秀销售人员的需求量都非常大。在开展任何一种商业活动时，销售技巧都必不可少。成功的销售会推进职业的发展，带来满足感，促进个人成长——这些好处都是显而易见的。

　　这本书将教会你作为一个不仅优秀更是卓越的销售员应具备的所有技能。无论你是初来乍到、准备以一鸣惊人的姿态进军销售行业，还是经验充足、资历深厚，想要实现事业腾飞，对于现在的你及未来的你而言，这本书都将是一笔巨大的财富。

　　无论你的销售领域是什么，你都能学会如何让努力更有成效，节省时间与精力，尽可能取得最好的结果。你会像总结出这些成功之道的人一样，拼装出自己的理论系统。一个星期之内让你掌握成功的销售之道指的是使用一组所有专业人士都可以学习的结构化系统。我们将每天学习一个步骤。

你可能会思考自己的个性是否适合做销售工作。你可能会认为健谈是成为一个优秀的销售人员必不可少的一项素质，然而成为一个真诚的倾听者更加重要——能够提出中肯的问题，得知客户的购买动机，进而呈现出你的产品或服务的特点与好处，从而满足客户的需求。如果一直侃侃而谈，而不能适时地提问和倾听，那么就只是在浪费时间和精力。

事实上，没有谁的性格完全适合做销售工作。大多数人可以将终身发展的技能与这本书的经验之谈相结合，以自我磨炼成为一个一流的销售人员，甚至是世界顶尖的销售人员。

我人生中的很多时间都在进行销售、培训销售人员，以及写作一流的销售技巧。在我的另一本书《世界顶尖销售高手的秘密》（*Secrets of the World's Top Sales Performers*）中，我采访了来自十个国家十大产业的十位世界顶尖销售人员。有一个成功秘诀是他们全都拥有的，那就是一致性。他们每个人都有一套自己的体系，他们日复一日地按照这套体系行事。

这也同样适用于你。你可以使用这本书所介绍的技巧来设计一些最适合你的个性、行业的销售技能。所以，出发吧！去挖掘知识的源泉，去享受探索的乐趣。祝你能够在此次阅读之旅中找寻真谛，收获成功。

如果你愿意与我分享你是如何使用这些材料的，我将感到无上荣幸。写一本书就如同创造一个新生命，母体需要经年累月的成长和积累，再经过大约九个月的时间以孕育它。当我们的"孩子"长成少年、长大成人的时候，若能听一听关于他们的精彩故事，便再好不过了。所以，如果你有任何疑问或故事想要告诉我——或者你想咨询我们研讨班的相关事宜——你可以通过ChristineHarvey@ChristineHarvey.com 或出版商与我联系。

祝你一切顺利！

克莉丝汀·哈维

目录 Contents

Sunday

星期日 🕐

⊙ 启动你的成功公式

我经常前往中国香港和新加坡，那些地区的商业竞争非常激烈。当地一位记者询问我的书籍与课程中的那些销售原理："哈维女士，您为什么如此坚定地认为销售人员需要一个明确的目标呢？难道尽其所能还远远不够吗？"

　　"来，你可以这样想想，"我回答道，"如果你要将自己训练成为奥运会赛跑冠军，你是会每天外出，尽你最大的努力以某一速度跑某一段距离，还是说，你会去了解究竟需要以多快的速度跑多远的距离才能实现目标呢？"

　　"噢，对，我明白了。"她答道。她明白了这个道理。对于人们来说，尽其所能地去努力工作是痛苦的，他们会对自己赋予极高的期望，然后被失望所击溃。

　　今天，你将学习如何设置与实现一个适合你自己的目标。（如果仅仅幻想着销售业务会自己长着脚跑来找你，或者守株待兔便可以等到奇迹的话，那么你将永远不会成功。）相反，你需要制定一个寻找成功的最佳方案。今天，你将学习如何：

- 使用新的操作方法
- 设置你的总体目标
- 创建每日目标
- 衡量你的结果
- 采取行动以寻求成功

使用新的操作方法

你还记得上一次换工作的情形吗？是否需要你对自我形象进行适当的心理调适？你很可能需要一定的时间来适应这双"崭新的鞋子"。

有一次我从伦敦飞往芝加哥，去会见我的公司成立后的第一位潜在客户。我仍然觉得自己效忠于以前的公司、以前的工作和以前的同事，因为关于怎样逐渐适应一个新的角色，我毫无经验。如果在销售方面刚刚起步，或者刚换了一家新公司，你可能会感同身受。

然而心理学家说，我们可以通过很多方法来加快自己适应环境的进程。如果我们想象自己在以一个新角色工作，这个新角色让我们感觉舒适自然，并且我们能成功驾驭这一新角色的话，我们会适应得更快更好。

无论是刚刚步入销售领域，还是想要提高回报，我们都会采用一些新的操作方法。我们会强迫自己朝着新的方向进军，设定新目标，将自己置于新的压力之下，磨炼自己。所有这些都要求我们以一个全新的视角看待自我。越早做到这一点，我们就能越快获得成功。

那么，现在让我们来看看，如果你希望在销售领域取得成功的话，需要做哪些准备吧：

- 设置你的总体目标
- 将这一目标细化分解为每日工作
- 执行这些每日需要完成的工作
- 努力获得潜在客户
- 把时间花在关键活动上
- 创建自我管理系统图表
- 组织工作系统

设置你的总体目标

从列表的顶端开始，设定你自己想要达成的目标。你究竟想要达成怎样的目标？用一些特定的术语来对它进行描述。是一个具体的货币数字？是由你的公司设定的一个百分比或倍数？是一笔你想要获得的财产？还是一次促销？

现在想想如何将这一目标转化为能使你达成目标的确切的销售数字。现在，下一个步骤至关重要，这是大多数不成功的销售人员都会逃避的一个步骤——把你的销售目标细化分解为每周和每日的销售额度，然后计算一下实现这一额度所需要的工作量。

计算工作量

问问自己有关工作量的以下问题：

● 我希望达成多少销售数？

● 为了完成一笔销售，我需要多少位潜在顾客？

● 为了达到我的总销售目标，我需要多少位潜在顾客？

● 我需要进行多少活动来争取一位潜在顾客？

    – 拨打电话

    – 直接邮寄信件或发送电子邮件

    – 举办展览或研讨会

    – 发布广告

    – 拨打陌生调查电话

    – 其他

● 为了实现我的目标，我应该坚持哪些每日活动？（包括访问、拨打电话及上述所有活动。）

自欺欺人

世界顶级保险营销员鲍勃·亚当斯措辞严厉地指出了"自欺欺人"这一行为，他认为销售人员所犯的最大的一个错误便是自欺欺人。他说，他并不是生下来就含着通往成功之门的金钥匙，他必须学习效仿那些他能找到的成功的销售人员。

那么他的建议是什么呢？"当你坐在办公桌前的时候，不要自欺欺人地以为自己在进行销售。如果你没有每天面对一定数量的人，就算你每天工作了8小时也于事无补。你在这8个小时里做了什么，才是问题的关键所在。"

如果你没有面对足够的潜在顾客，你永远都无法完成你的销售额，也就永远无法实现你的目标。那么你如何才能拥有足够数量的潜在客户呢？这就要进行足够的预约。就是这么直截了当。"然而，很多人做着繁忙冗杂的工作，却自欺欺人地以为自己在进行销售。"鲍勃说道。

> 通常情况下，失败与成功的一线之差在于人们忽略了将整体目标分解细化成每日目标和任务。

让我们听取一下来自一些年年业绩攀升的成功人士的建议吧。他们是如何把这个原则付诸实践的呢？

来自瑞典的奥韦（Ove）是一位享誉全球的成功的销售人士。他通过计算制定出了他的年度目标，并将其细化分解成每天需要完成的一个具体数据。他清楚地知道自己每天必须完成多少销售额。他十分了解自己每天必须与多少位潜在顾客进行交谈。

奥韦强调，如果你知道每天你必须完成多少额度的任务，并且你能够完成这一计划，那么成为顶尖销售人员是一件易如反掌的事情。

不适合我!

"哦，不不不! 制定每日目标这一策略并不适用于我。"很多人会提出这样的观点。这是我在研讨会上从与会代表那儿听到的最大的误解之声。他们真的不相信能够将自己的活动分解为每日的具体目标。但我们如果想要取得销售上的成功，就必须完成这样一个心理上的转变。

> 销售来源于日复一日、有条不紊地进行正确的实践。

无论我们是要花三年时间销售一个大型系统，还是需要花一年时间销售一个咨询项目，或者是需要花费三分钟销售一个零售产品，我们仍然需要估量出每天需要做些什么才能引领我们走向成功。即使每年只需要3个客户，我们也仍然需要与6个、9

个甚至12个潜在客户谈判。我们需要知道自己的目标数量，然后一直为之努力。

在关于我的《世界顶尖销售高手的秘密》一书的采访中，我发现，每一个行业的每一位顶级销售高手都十分清楚自己的每日销售目标，并且他们会严格执行自己制定的日常活动时间表。难道这是他们的公司告诉他们的吗？并非如此。这些都是他们自己计算得出的。我们如果想要获得真正的并且持久的成功，那么就要开始履行这一策略。

> 你必须清楚地知道你在寻找潜在客户方面的每日目标，这是你首先需要完成的一个任务。这意味着你要进行预约，然后与潜在客户见面。其他的一切事情都是次要的。

创建每日目标

我们为什么如此强调每日销售目标和每日活动

目标呢？这是因为我们见证过那么多才华横溢、勤奋刻苦、心地善良，本该获得成功的人却走向了失败。从来没有人坐在他们面前告诫他们："你看，成功就是来自于日复一日地完成正确的每日目标。"

设置提醒

我们知道，你阅读此书是为了追求成功。你想通过贯彻一个战略来更加快速有效地通往成功。你想要避免别人经历过的陷阱。因此，从今天开始就来规划你的目标吧。制订一个保证你实现目标的系统计划。

在可视挂图、屏幕保护和口袋备忘录里创建一个提醒——写上任何你需要提醒自己去做的事情，仅仅努力工作并不能带来成功。做好日程安排，当日与正确数量的客户见面，并且开展一些具体的活动，如此你次日便也能够与正确数量的客户会面。

计算数量

正确的数量是多少呢？我们如果每天需要完成一笔销售，那么我们每天至少需要与3位潜在客户进行会面，这样才能把其中一位客户转化为我们的销售对象，因此我们每天需要进行3次销售访问。不过这要看我们是否能够做到"一锤定音"；换句话说，我们是否可以一次便能完成与一位潜在客户的交流。但如果我们需要与每一位潜在客户平均见面两次，并且每天需要完成一笔销售的话，那么应该怎么算呢？我们每天需要进行多少次销售访问呢？答案是6次。

我们需要时间来进行预约，并且需要努力实现在与潜在客户的交流中做出的那些承诺。因此，对我们的目标进行合理规划，并将其细化分解为每日工作量是十分必要的。

1笔销售×3位目标客户×2次访问
=每日6次访问

> 完成销售目标的必要条件是知道目标究竟是什么——每周、每天的具体目标是什么。

企业主也会遭遇陷阱

新的企业主也会遇到完全一样的问题，因此我们可以向他们学习。接下来举一个例子。曾有两位才华横溢并开设有自己店铺的年轻设计师向我寻求如何在商业方面取得成功的建议。他们有许多忠实稳定的客户，但他们担心无法赚足资金维持业务。

以下是他们需要扪心自问的一些问题：

● 我们需要赚多少钱？

● 我们的开支有哪些？

● 我们每年需要销售多少产品才能够抵消我们的所有开支并且赢利？

● 每个星期需要销售多少产品？

● 为了保证每个星期能够完成任务，我们需要做些什么？

他们从来没有以这种提问的方式进行过深刻的

思考。他们只是尽其所能做到最好。他们不同寻常吗？并非如此。不管你的行业是什么，这都是你需要避免的一种幼稚的做法。

"好产品"就够了吗？

我曾有幸与查尔斯王子创办的一个以帮助人们创造新的商机为宗旨的英国企业机构合作。通过那段工作经历，我发现成百上千的人都认为拥有一款"好产品"并且大家都"各尽其能"便已足够。然而，随着时间的推移，那些成功人士逐渐了解到，他们必须确切地知道他们每一个星期、每一天的销售目标是什么；然后，他们必须集中所有精力努力达成这些目标，以确保它们不会落为空谈。

销售可以助你成功

你一定不想被挤出商业领域或销售领域。销售中暗含巨大的机会，其中包括：

- 自我发展的机会
- 晋升的机会
- 帮助他人的机会

- 在工作中得到满足感的机会

- 获得金融财富的机会

- 推进自己想要经营的商业的机会

然而，如果在销售方面没有强项与技能的话，很少有企业主能够获得成功。同样，在当今的企业界，很少有人能够不推销自己的想法便能取得进展。

数以百万计的人参与到产品的生产或服务当中，他们的所有工作都依赖于销售人员能够成功出售这些产品或服务。企业需要销售人员。

> 经济发展依赖于持续的销售。你的技能与你的成功具有超乎你想象的更为重要的意义。

衡量你的结果

无论你的目标是什么，一切都应该从对你的目标进行衡量，并把它们细化分解成每日任务开始。请记住，今天是你做好准备工作的一天，你之后的成功将主要取决于你的计划，以及你对这个计划的投入。下图展示了用来衡量结果的几个最关键的因素，即销售访问的次数（目标和实际）和销售数量（目标和实际）。

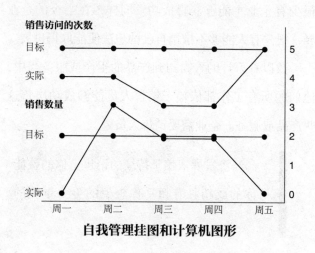

自我管理挂图和计算机图形

自我管理系统

为了取得成功，你还需要在图中列出以下几项：

- 进行电话预约的数量（目标和实际）
- 发送信件或电子邮件的数量（目标和实际）
- 在销售之前及之后从客户那里获得的推销线索（目标和实际）
- 为了寻找潜在客户从而查询相关网站或使用其他方法的数量

这些都将组成与完善你的自我管理系统。

预测短缺

如果自我管理挂图和计算机图形告诉你，你这一个星期的实际销售访问次数比你的目标销售访问次数低25%，那么除非你在下个星期将这一访问量的短缺弥补回来，否则你就只能预计销售量下滑25%了。

销售没有魔法般的捷径，因此你只能依靠你的自我管理挂图和计算机图形进行即时提醒。

采取行动以寻求成功

你会达到你所希望达到的成功吗？销售不是一个神秘的过程，它是一个可以预见的、富有逻辑的、须脚踏实地实践的过程，如同一条生产线。当我们能够正确地将每一个组成部分安装到位，我们便能够得到正确的最终产品；如果我们没有把必要的部件安装上去，那么我们会得到一个劣质的最终产品。销售并非一门神秘莫测的学问。

> 你的成功很大一部分取决于脚踏实地地完成销售工作的每一个实际组成部分。

设置每日工作量是规划成功的首要组成部分。在接下来的6天里，你将学习其他的组成部分。如果我们在每一个部分都保质保量地完成并把握好节奏，那么就能够获得成功。

我们的结果来源于我们的行动，而不是我们的理解。有人说"仅有知识而无行动者不会收获成功"，这句话正是销售的真实写照。拿起你的笔，从现在开始创建你的目标和你的自我管理挂图。成功就掌握在你的手中。

星期日

星期一

星期二

星期三

星期四

星期五

星期六

总结

今天我们谈到了目标的重要性。我们从总体目标开始谈起——例如一个年收入目标。我们将这个目标与我们需要销售的产品或服务的数量相联系，然后将这一目标细化分解为每周和每日的具体销售目标。

接着，我们开始着眼于完成这一目标需要进行哪些活动。这意味着我们需要得知一笔销售所需的潜在客户的数量，以及为了赢得一位潜在客户所需要拨打的电话或需要进行的营销活动的数量。

正如2+2=4一样，我们发现，如果没有每天采取正确的行动，无论是拨打电话、上门拜访，还是举办营销活动——可能所有这些都需要进行——我们就无法达到我们的目标。如果我们能够事先知道这一点的话，一切都会好很多，因为这样我们就可以对我们的战略、系统，甚至是我们的目标做出调整。

正如一位世界顶级的销售人员所说："不要让自欺欺人成为你的敌人！"我们必须知道如何细化分解目标，并提前设置我们每日需要进行的活动，这样我们才能成为我们希望成为的一流的成功者。 就从现在开始吧。去追寻成功之道，享受成功之乐！

请记住：

仅有知识而无行动者不会收获成功。

星期日

星期一

星期二

星期三

星期四

星期五

星期六

小测试

1. 改变职业或改善你目前销售职位的成绩需要满足哪些条件？
a) 自我形象的心理调整
b) 在一个新的工作角色之中审视自我
c) 让自己轻松适应这个新的角色，并能通过这个新的角色获得成功
d) 上述所有选项

2. 成功地设定目标是什么意思？
a) 计算一个具体的货币数字
b) 设定一笔想要获得的财产
c) 计划晋升
d) 上述所有选项

3. 在决定好目标后，你第一步应该做什么？
a) 告诉你最好的朋友，寻求他们的支持
b) 将你的目标转化为实现它所需要完成的实际销售数量
c) 和你的老板讨论目标的可行性
d) 庆祝一下

4. 大多数不成功的销售人员在将他们的年销售目标细化分解为每周和每日的销售目标之后，会避免下列哪种行为？
a) 将这些目标写下来
b) 将数据输入他们的计算机
c) 计算实现这一目标所必需的工作量
d) 见人就说

5. 大多数销售人员最大的失败是什么？
a) 在第一次会议时谈论太多
b) 自欺欺人
c) 对客户无礼
d) 给老板错误的希望

6. 为了了解每天应该与多少位潜在客户见面，你必须知道什么？
a) 你想要完成多少笔销售
b) 完成一次销售你需要见多少位潜在客户
c) 你需要进行多少活动才能争取到一位潜在客户
d) 上述所有选项

7. 为什么大多数不成功的销售人员和企业主会避免设立目标？
a) 他们坚信尽其所能就足以让他们成功
b) 他们从来没有设立过目标
c) 他们害怕面对失败
d) 他们认为这是一种浪费时间的行为

8. 一位名为山姆的销售人员计算出他需要每天完成 1 笔销售，平均每 3 位潜在客户中会有 1 人购买他的产品，而在他得到潜在客户最终购买与否的结论之前，他会访问这位客户 2 次。那么为了达到他每日的销售目标，他需要进行多少次访问？
a) 2 次
b) 4 次
c) 6 次
d) 8 次

9. 为什么在销售领域，你的技能和成功如此重要？
a) 你的生计全部依赖于它
b) 经济发展依赖于持续的销售
c) 你所在的公司的生计依赖于它
d) 上述所有选项

10. 将你的实际销售与计划的销售目标做比较，其中最重要的事情是什么？
a) 一看便知你现在处于哪个阶段
b) 如果你今天有所落后，你明天就应努力赶上进度
c) 你将会获得你的领导和同事的认可
d) 你会保持高昂的士气

星期日
星期一
星期二
星期三
星期四
星期五
星期六

Monday

星期一

> 掌握产品和服务的专业知识

Develop
Product
and
Service
Expertise

在我早期的销售生涯里，有那么一天十分令人兴奋，当时我带着公司的一位技术专家与我一起进行一次电话销售。我们俩可以算作无与伦比的绝佳搭档。我在询问有关需求的问题方面经验十足，而她能够针对客户关于我们的产品和服务可能提出的每一个问题给出很好的答复。后来，我成立了自己的公司，我喜欢带着自己的销售人员出来一同进行销售，我们可以进行完美的互补。

向技术人员学习的重要性是显而易见的。他们有多年的"幕后"经验，我们可以从中吸取精华，去除糟粕。而当你自己成为一个专家，在给新的成员或工作人员模拟销售过程之时，你自己也会受益匪浅。你必须小心翼翼，谨慎行事。你要做正确的事情，因为你知道他们正在观摩与效仿。

想要对产品与服务进行顺利高效的销售，有几十种方法可以获得相关知识，其中之一即需要适应你的风格与兴趣。

今天，你将创建一个培养你的专业知识技能的计划。你需要：

- 理解"40倍法则"
- 确认知识来源
- 规划你的个人策略

理解"40倍法则"

让我们从头开始。你究竟需要多少知识？也许这个想法能够帮助到你。戴尔·卡耐基（Dale Carnegie）建议他的学生进行公开演讲，"要保证你的知识储备是你将会使用到的知识的40倍"。

为什么是40倍呢？这是因为我们的信息存储就如同一块充满电的电池。它体现在我们的热情当中，我们的自信当中，最重要的是体现在我们的能力当中。当然，销售也是如此。

让我们稍作停顿，想一想我们的客户。他们是如何看待我们的？我们难道不是他们与产品或服务

之间的唯一联系吗？他们必须依靠我们的告知，才可能得知他们需要知道的每一件事情。

为了应对所有突发状况，我们需要掌握40倍的知识储备，远远超出我们可能在与一位客户的一次销售讨论中所需要用到的知识技能。因此，我们需要尽快专心地学习掌握尽可能多的知识。

投资自己

首先，让我们来设置一些基本规则，扫除误解。为了达到顶尖水平，掌握专业知识技能，我们应该考虑以下两个原则：

- 准备进行自我投资

- 不要指望公司为我们提供所有的培训

医生、律师或会计师会花多少年来为自己的职业做准备？如果想成为专家，我们首先应该认识到，必须进行自我投资。我们需要制订自己的计划。如果公司能够对我们进行培训，这固然是一件好事，但是，我们不能以缺乏培训为借口，不思进取。成功最终还是掌握在我们自己手中。

> "对知识的投资会带来最佳的利益回报。"
>
> ——本杰明·富兰克林

确认知识来源

我们应该从哪里开始呢？我们应该设定一个时间表，尽可能在最短的时间内掌握我们所需要的40倍的专业知识。如下图方框内所示，有许多有效选项。

产品专业知识的来源：

- 采访现有客户

- 学习产品说明书

- 学习服务手册

- 学习操作指南

- 带领技术人员进行销售访问

- 陪同其他销售专员进行销售访问

- 与操作人员、管理人员、产品研发人员和经销商进行讨论

- 观察生产线

- 进行网络培训

- 参加各种培训课程

与现有客户面谈

对于销售人员而言，与现有客户进行面谈是最有价值却最少被利用的一个选择。客户能够从用户的角度为我们提供非常宝贵的信息。

例如，客户并不想知道，一台传真机是否具备

"第三类高速数字传输技术"，他们只想知道自己的文件是否能够通过这个"第三类高速技术"在6秒之内抵达他们在澳大利亚的同事手中。

我们必须始终强调产品的好处，告诉他们采用这一技术的好处在哪里。

试问为什么我们在进行销售访问或与现有客户进行交谈的时候多怀抱着信心与希望呢？因为他们可以为我们提供无穷无尽的用户感受、参考、推荐、新业务、附加业务、灵感、热情，以及竞争对手的信息。此外，他们还可以提供一些值得引用的故事，甚至是新闻稿和专题报道材料。然而最重要的部分还是对你的即时教育。

接下来举一个例子。几年前，我曾参与一个有关计算机服务的销售活动。因为这个销售团队里的每个人都来自其他行业，因此我们每个人都需要尽快地接受电脑培训。我被安排陪同一位技术人员拨打一个故障检修电话。当她确认故障原因后，我向客户提出了一个问题："是什么原因让您选择了我们的系统，而不是其他竞争对手的系统呢？"

"你们的系统使用速度更快，并且不会出错，"他回答道，"我们以前苦苦思索系统中的那些错误。现在，我们只需每天早上输入表单，它最多花费一个半小时的时间，然后，结果会返回——完美无瑕，不会有任何问题。"

这是一次褒奖，我可以用它来强调这项服务的速度和准确性。这给我们的销售团队提供了一份非常宝贵的用户反馈，之后我们可以把它创作成一篇新闻稿，这件事便有了附加值。

采访客户的好处

对我们的现有客户进行采访的好处有很多，包括以下内容：

- 通过采访客户，我们能够获得对产品和公司的信心
- 我们能够得知产品与服务对用户的好处所在
- 我们能够建立促进业务发展的友好关系
- 我们能够检验服务是如何被利用的
- 我们可以获得信心与灵感

然后，我们可以对不同行业的用户进行采访，直到我们掌握了所需的知识。在这个过程中花费的时间是非常值得的。

规划你的个人策略

今天来规划一个你的个人策略，以积累你关于产品与服务的专业知识。以下清单将帮助你决定采用哪些方法。

- 为了获得这些信息，你需要去找哪些人？
- 你需要给每个方法分配多长时间？
- 你什么时候开始行动？

复制下页的表格，然后创建自己的行动策略，把它们填写进去。

今天你将建立一套属于你自己的体系。你可能需要打电话给1~2位你的现有客户预约面访。如果合适的话，你甚至可以在今天通过电话与客户进行讨论。当然，如果能够当面进行沟通，则更好一些。距离、时间和产品将决定你的最佳方法。

确保每天都能拨出足够的时间来更新你的知识储备。

帮助提高产品/服务的专业知识的创造性选项

方法	是/否	何人	时长	何时
1. 采访现有客户				
2. 学习产品说明书				
3. 学习服务手册				
4. 学习操作指南				
5. 带领技术人员进行 销售访问				
6. 陪同其他销售专员进 行销售访问				
7. 与以下人员进行讨论 ● 操作人员 ● 管理人员 ● 产品研发人员 ● 经销商				
8. 观察生产线				
9. 进行网络培训				
10. 参加各种培训课程				

　　再看看你的策略。在接下来的一个星期里，你可能需要每天花一个小时或者两个小时来阅读技术方面的文献。你可能想邀请技术人员陪伴你进行下

一次销售访问，或者你陪同他们一起进行一次技术访问。请你现在做出决定，并在你的日志上做好时间安排。

专心进行课程培训

你可能想要说服你的领导，让他或她从预算中拨款资助你参加一些培训课程。那么，请准备好去"销售"你的想法，向公司解释你提升了技能之后对公司有什么好处。请记住，你的老板可能也要逐级向上"销售"这一想法。

但请记住你的底线——你关于培训所做出的承诺。如果领导的回答是否定的，你可能需要进行自我投资。请随时准备好为自己的成功负责。

星期日

星期一

星期二

星期三

星期四

星期五

星期六

专业人员花费了时间和金钱为他们的职业成功做准备。销售与其他任何职业一样，要求严格，富有挑战。

你可以通过什么方法找到对你有价值的培训课程呢？

在每一个职位上学习

我认识的一位顶尖销售经理总结得很好，他建议："你停止学习销售知识的那一天，便是你职业终结的那一天。"

当他每一次与他的销售人员——无论是初来乍到者，还是资深销售人员——通完电话之后，他总会说："告诉我你从这次访问中学到的两件新的东西。"这对于我们所有人来说都是一个很好的建议。

实施你的战略

现在，花时间回想一下提高产品及服务的专业技能的这些选项，决定哪些选项是真正适合你的，然后制定一个针对每个选项投入多少时间的分段策略。今天就用来规划这些环节。

总结

今天我们一起探讨了许多方法，以精进销售产品与服务的专业技能，这些方法对于完成我们的销售目标至关重要。我们谈到了将客户从产品和服务中获得的益处都关联起来的重要性。我们了解到，正如在其他行业一样，能不能获得必需的培训由我们自己决定，如果我们想要跻身于最高成就获得者之列（当然也是最高收入获得者），那么就去争取培训机会。

同时我们也看到了在实施自己的培训计划的时候，我们能够收获的有趣的益处。例如，通过采访一些过去或现有的客户，我们不仅能够了解他们从我们的产品与服务当中获得了什么好处，同时也能够获得来自他们的用户体验、推荐，甚至是一些新的业务。

此外，我们还可以选择与操作人员、技术人员和产品研发人员一同探讨产品的特性，这样一来，我们可以与他们进行难得的接触，他们也可以为我们提供丰富的知识。

星期日
星期一
星期二
星期三
星期四
星期五
星期六

最后，心怀个人学习的想法，我们探讨了如何规划自己的战略，使用易于实施的个人计划表。

请记住：

你停止学习的那一天，便是你的职业生涯终结、收入减少的那一天。

小测试

1. 在习得产品和服务的专业知识的过程当中，你应该学习多少？
a) 你可能需要的知识量的 2 倍
b) 你可能需要的知识量的 10 倍
c) 你可能需要的知识量的 40 倍
d) 你可能需要的知识量的 100 倍

2. 潜在客户通常是如何看待我们的？
a) 是产品或服务与他们之间的唯一连接
b) 是我们领域的专家
c) 不可信
d) 值得信赖

3. 谁会对有关你所销售的产品或服务的培训负责？
a) 培训部
b) 你的老板
c) 你自己
d) 这取决于公司

4. 在以下哪个行业中，对自己的教育和培训的投资被视为正常行为？
a) 法律界
b) 会计行业
c) 销售行业
d) 上述所有选项

5. 下列哪一项是获得培训的最佳方式？
a) 咨询现有客户他们所获得的好处
b) 研究产品说明和服务手册
c) 参与各种培训课程
d) 上述所有选项

6. 以下哪种培训方式是最有价值却最少被使用的？

a) 采访现有客户

b) 阅读手册

c) 进行网络培训

d) 学习到很晚

7. 对现有客户进行访问或与之交谈的好处是什么？

a) 他们是检验之源

b) 他们经常提供参考

c) 他们能赋予你灵感和热情

d) 上述所有选项

8. 在对一位现有客户进行采访的时候，下列哪一项是一个很好的问题？

a) 您对我们的产品或服务有什么不满意的地方吗？

b) 您为什么会选择我们的产品而不是其他同类型产品呢？

c) 我们的竞争对手是哪些？

d) 您是否还会再次做出同样的决定呢？

9. 下列哪一项是说服你的领导对你的培训进行投资的最佳方式？

a) 发送一封电子邮件询问

b) 向你的领导介绍培训的特点

c) 确保培训在预算范围内

d) 推销你的想法，解释公司能够从你加强的技能中获得的好处

10. 以下哪项是正确的？

a) 确保你在拨打第一个销售电话之前接受过良好的培训

b) 销售经理无法教你任何东西

c) 客户无法教你任何东西

d) 你能够从每一通销售电话中获益

Tuesday

星期二 🕐

⊛ 掌握购买动机

我认识的一位大学教授说的一句话在他的课堂上引起了强烈的反响："在人的一生中，没有人所做的任何决定不是为了让自己在某些方面获益。"

　　学生们总是抗议："这肯定是不正确的。人们经常会出于人道主义的原因做一些事情，比如教会团体。肯定有些人会大公无私地做一些事情。"

　　"是的，"教授回答道，"的确如此。但是，让我们透过现象看看本质。是什么促使他们做出这些善举的呢？是什么让他们下决定的呢？他们能够从中获得什么呢？"

　　然后他解释道，人们做出一些崇高的行为或人道主义行为会让他们自我感觉良好。这就是这些善举赋予他们的好处。

　　渐渐地，学生们学会探索决定背后的动机，并找出人们行为的驱动力。他们发现，人们获得的好处可以分为心理和物质两个方面。

　　那么，把上文所述与你的销售情况结合起来看看。你的客户得到了一些什么好处呢？不要去想你

的产品发挥了什么作用，想想买家所获得的好处。

今天，你将学习一些最佳方式以：

- 发现购买动机
- 检查你的设想
- 将好处与需求、动机相匹配
- 展示产品或服务

发现购买动机

也许你听说过这句话："提问的人能够掌握会议的控制权。"

星期日

星期一

星期二

星期三

星期四

星期五

星期六

为了掌握对成功的控制，提出一些问题是非常有必要的，但不是任何问题都可以提出。它们必须是能够引导客户的需求和购买动机的问题。

我记得曾与一位新员工讨论潜在客户的问题。我告诉我的员工，在接下来即将举行的会议上，由他负责提出一些能够帮助我们得知潜在客户购买动机的问题。他表示自己能够完成这个任务，因为他认为自己是一位非常健谈的人。

在进行了20分钟交谈之后，这位员工与客户探讨了各个方面的问题——除了去发现客户为什么需要我们的服务。我不得不插入他们的对话，并将这个对话引领至正确的方向——潜在客户的需求是什么，以及他可能想要从我们的销售培训课程中获得哪些好处。我的员工还没有学会将谈话锁定在一个必要的方向上，他采取的是一个碰运气的做法。

碰运气的事情在销售行业不起作用，因为在社会关系网络中，我们没有那么多的时间。我们要问十分精确的问题，我们的问题必须能够引领我们直接得知客户的需求，并强调客户能够从中获得的收益。我们的问题可能是这样的：

- "您对供应商期待什么？"

- "您希望获得哪些好处？"

- "我们提供哪一样东西能说服您换掉您现在的供应商，转而与我们合作呢？"

这三个极具针对性和指令性的问题能够引领你找到客户的需求和动机。现在你需要思考更多的问题，创建一个自己的清单。

想象你是一位掌握着船舵的水手，你的帆船、你的航向全由你自己操控。当船稍微偏离正确航线的时候，你就需要转动船舵，使其回到正轨。

星期日
星期一
星期二
星期三
星期四
星期五
星期六

要成为一位强有力的指令型提问者，我们只需要把自己想象成一位水手。当谈话开始偏离方向，当话题开始漫无目的地游荡时，我们便需要把它拉回正轨。例如，我们可以说："是的，我明白您的意思。您说的这一点非常重要。我记得您之前说过您想要一个高清显示屏……"然后，我们就可以回到正轨。接下来，我们便可以继续说："您想要寻求哪些好处呢？更高的生产率、更快的周转，还是更少的挫折？"

> 练习，练习，不断练习，直到使谈话的方向转回到为确定客户的需求和动机的正确轨道上。

提出问题的人能够主导方向。但我们必须确保我们清楚自己想要去往哪个方向。

获取逻辑与情感动机

事实上，我们可以在两个层面为我们的客户提供帮助：逻辑层面与情感层面。

星期日

星期一

星期二

星期三

星期四

星期五

星期六

换另一种方式来看，可以说每一次购买都能够给公司或个人提供一定的益处。大多数销售人员只注重逻辑层面的动机或企业的利益。然而，情绪层面的动机或个人利益通常拥有更大的主导力量，并且更具有说服力。

找一个安静的地方，列出你的潜在客户吧。他们的情感取向或个人购买动机究竟是什么呢？

● 他们需要什么，想要什么？

● 我可以给他们提供他们所需要的哪些好处呢？

检查你的设想

这一章的标题是"掌握购买动机"。然而，销售行业的许多人并没有掌握这一诀窍，他们认为自己已清楚地知道客户究竟需要什么。

下面这张检查清单可以给你提示，帮助你列出所有你能想到的，你和你的同事可能会做出的，对潜在客户的需求和购买动机的假设。查看下列清单，自问为什么会做出每一个假设。是根据客户所说的话吗？是从上一位顾客那里得知的吗？是某一位同事说的关于客户的事情吗？你的所有假设都需要得到验证。

关于需求与购买动机的假设清单

列出你和你的同事可能会做出的对潜在客户的需求和购买动机的假设。

- 价格过高。为什么？

- 价格过低。为什么？

- 附加功能重要。为什么？

- 附加功能不重要。为什么？

- 距离。

- 送货时间。

- 特征。

- 好处。

- 服务。

检查你的假设的最佳方法就是直接打电话给客户，询问你的假设是否正确。你一定要仔细聆听客户的答案，然后对你的假设进行相应的改善。如果这是一次团队销售，你还需要说服你的同事，以避免一些代价高昂的假设。

因此，我们便能得知我们在错误的道路上花费了多少时间和精力，然后改变我们的销售方式。如果你真的想在避免错误的假设中脱颖而出，那么请找寻你每一次销售失败的原因。一流的公司就是这样做的。

在我的《世界顶尖销售高手的秘密》一书中，我介绍了索尼的销售团队如何坐在一起检查他们的方法和假设。他们从不指责他人，推脱责任；相反，他们会找出造成损失的真正原因，并且研究如果再次遭遇相同情境的话，应该如何克服这个问题。

在分析的过程中，你会发现，做出关于购买动机的假设至关重要。这是一个快速精进的过程和一次课程，是值得每个专业人士学习的。

一个常见的致命假设

当你试图打电话给客户找出销售失败的原因的时候，你会发现在你的组织内部有一种无形的压力逼迫着你逃避。

我们的一位研讨会与会代表讲述了一个关于与一位公司总经理密切合作好几个月以明确其真正需求的故事。他认为一切都很完美，直到他提出最后的建议，才发现原来生产总监也会造成影响。

他哪里做错了呢？他的错误十分常见，并且让他损失惨重。他以为总经理的权力已经足够重要了。他没有弄清楚谁是真正影响购买决策的那个人，因此没有找到他们的需求所在。

将好处与需求、动机相匹配

美国的一位计算机系统的销售人员珍妮特一直在她所在的销售团队里处于首屈一指的地位。珍妮特每一年都会取得她的目标额近两倍（190％）的成绩。

让我们来看看珍妮特这位一直处于尖端位置的销售人员与其他业绩平平的销售人员关键的不同之处吧。

她有一个非常宝贵的双层方法。

1. 她在一次实况考察中访问了潜在客户，并对他们进行了深度采访以明确他们的需求与动机。她还确保她采访了每一位可能影响购买决策的人。

2. 如此之后，她再呈现出产品的优势，以精准地满足客户的需求。

她将所有精力和语言的重心都集中在客户将从这个系统获得的好处上。她将所有的准备时间都花在思考如何让这个系统满足客户的需要，从而符合他们的心理价位上。

星期日
星期一
星期二
星期三
星期四
星期五
星期六

业绩平平的销售人员没有击中靶心，是因为他们在提问环节失败了。他们漏掉了或者没有充分进行需求分析及动机分析。他们没有遵循那七条重要的规则（见后文），所以无法完成他们本来能够完成的销售。

在做展示演讲之前的那段"思考"的时间里，你已经做好了笔记，列出了那些会影响决策的人，并且思考过每个人的需求。你要从各个方面看待这一展示，就好像它是一幅三维立体图像。你应该在准备下一个阶段的方法之前，全方位地从各个角度进行仔细、透彻的琢磨。

你可能会使用计算机图形或在纸上画出以下表格。

我们产品的好处	A	B	C	D	等等
X公司的需求					
1.					
2.					
3.					
Y公司的需求					
1.					
2.					
3.					
客户A的情感层面需求					
1.					
2.					
3.					
客户B的情感层面需求					
1.					
2.					
3.					

星期日

星期一

星期二

星期三

星期四

星期五

星期六

销售的七项至关重要的规则

1.永远不要假设你知道客户的需求和动机。

2.确定影响购买决策的每个人。

3.通过采访揭露大家的需求和动机。

4.发现逻辑层面和心理层面的动机。

5.离开并进行思考。

6.向客户展示满足客户的需求和动机的产品或服务的好处。

7.如此之后，再把符合客户购买动机的产品或服务呈现给他们。

展示产品或服务

通过关于购买动机与好处的列表，我们可以提供满足客户需求的产品或服务，我们无可畏惧。现在，我们能够清楚地知道我们需要展示什么。当我们与客户接触的时候，我们不用"即兴表演"，也不需要临场发挥。我们只需呈现出产品或服务，让客户看到其中的好处，且这些好处又能符合他们的预期。这样一来，他们在逻辑和情感层面的需求便能都得到满足。

一切都将水到渠成，因为你把顾客的购买动机置于最重要的地位。你站在客户的立场上，从他们的视角看待一切。你站在他们那一边，为他们着想，他们一定能够感受得到。

星期日
星期一
星期二
星期三
星期四
星期五
星期六

总结

今天我们着重分析了应该如何把握潜在客户的购买动机。我们的时间十分宝贵，我们不应该将其浪费在呈现产品或服务的那些不符合潜在用户心理预期的特点及好处上。

相反，我们必须更有成效地利用有限的时间，让我们提供的产品或服务的好处能够更好地符合潜在客户的需求。我们只需要通过提出正确的问题引领我们的谈话方向，来探索这些至关重要的需求。当我们得知了潜在客户的所有需求之后，我们的销售工作便会变得轻松愉快。我们巧妙地将这些需求与我们能够提供的好处联系起来，这样我们的销售才能成功。

请记住：

提问的人能够引领方向。要确保你能够在谈话中引领方向，精准把握客户的购买动机。

星期日

星期一

星期二

星期三

星期四

星期五

星期六

小测试

1. 提出什么样的问题能够发现购买动机?

a) 普通问题

b) 模糊的问题

c) 开放式问题

d) 精准的问题

2. 以下哪一种类比最能说明如何在谈话中引领潜在客户的需求和购买动机?

a) 你是一名水手,当你的航船稍微偏离航向的时候,你需要转动你手中的船舵,使其回到正轨

b) 你是一名为了胜利而英勇拼搏的拳击手

c) 你是一位能够在交谈之中建立融洽关系的人

d) 你是一位左右躲闪的勇猛的斗牛士

3. 下列关于购买动机的四个选项,哪一项是正确的?

a) 通常都是逻辑层面,不会是情感层面

b) 既有逻辑层面,又有情感层面

c) 它们并不重要

d) 它们会引起异议

4. 效率低下的销售人员通常只注重什么?

a) 逻辑或企业利益

b) 情感层面的好处

c) 十分重要的好处

d) 难以捉摸的好处

5. 当你认为你不用询问便能知道客户需要什么的时候,容易发生下列哪种情况?

a) 客户心满意足

b) 客户十分愤怒

c) 销售失败

d) 你看起来挺好的

6. 以下哪一项是常见的致命假设？
a) 老板通常做出最终决定
b) 财务总监通常做出最终决定
c) 部门负责人通常做出最终决定
d) 上述所有选项

7. 普通销售人员不会获得成功，是因为他们的提问环节出现了问题。这是为什么？
a) 他们对需求的分析不够
b) 他们缺乏关于购买动机的分析
c) 他们只是做出假设，而不是提出问题
d) 上述所有选项

8. 在你进行最终销售演示之前，你应该做些什么？
a) 做好关于购买需求和好处的笔记
b) 列出那些会影响购买决策的人
c) 从各个方面来审视此次演讲展示，将其视为一幅三维立体图像
d) 上述所有选项

9. 为了在演讲展示中无所畏惧，你需要做些什么？
a) 放松自己，即兴发挥
b) 通过关于购买动机和好处的列表，你可以提供满足客户需求的产品与服务
c) 进行一场漂亮的演讲展示
d) 记住每个人的名字

10. 当你完成了完整的需求和利益分析之后，你会有何感受？
a) 觉得自己非常伟大
b) 就如同你站在客户的立场上，从他们的视角看待一切
c) 筋疲力尽，但是感觉很好，这一切都是值得的
d) 更加致力于销售

Wednesday

⊙ 攻克异议：让它们变得
对你有利

Conquer
Objections:
Turn
Them
to
Your
Advantage

在职业生涯早期，我参加过一场研讨会，会上的那位讲师是"自我激励"这一主题领域的世界级专家。"大多数人对障碍都茫然不知，"他告诉我们，"他们在道路上遇到了横亘在他们与目标之间的第一个障碍物，他们便觉得困难，停下了脚步。"他说，人们会对生活中的障碍感到十分惊恐，但其实障碍会层出不穷地在我们身边涌现。"我们只有学会接受障碍，将它们看作正常生活的一部分，才能踏上成功的轨道。"他说。

销售亦是如此。异议无疑只是一个小障碍，通常可以转化为我们的优势。

当我们在处理异议的时候，无论是在销售领域还是在日常生活当中，我们都在与人为因素打交道，听取的都是人们的需求，得到的是人们的意见、恐惧、疑虑与误解。

这就需要我们的技巧，而且需要时间让我们停下来思考，还需要我们下定决心以一个崭新的方式来做事。

今天你将了解到:

- 克服异议，改善你的结果
- 使用万无一失的异议消除方法
- 控制价格异议
- 搁置异议，果断收尾

克服异议，改善你的结果

让我们来看两个例子，从中我们可以将异议应用到改善结果的过程当中。几年前，我向来自某政党的150人发表了一场演讲，他们之前参加过我们的销售和营销课程。

演讲结束后，我问了一些人："目前为止，你从课程当中学到了什么？"他们马上就给出了答复："能够用更好的方式处理来自选民的异议。"因此，我们能够看到具备销售技能和捍卫想法是很重要的，在工作和生活的各个领域都是如此。

第二个例子是一位导师向我讲述的关于在个人生活中处理异议的真实故事。他说，通过处理异议这一过程，他极大地改善了自己与十几岁的女儿的关系。他使用三步异议消除法与女儿进行交谈，女儿告诉他，这是她第一次觉得父亲真的听进去了她的话。因此，女儿的态度与父女关系都得到了极大的改善。

在销售中，如果我们不清除那些异议，它们就会像散不去的烟雾一样笼罩在广大客户的心中。我们必须像清理弥漫一整个房间的烟雾那样将异议消除。想象一下这样一个画面———一个巨大的风扇把烟雾从一个开放的窗口吹出去。这就是你消除异议的过程。

使用万无一失的异议消除方法

这万无一失的三个步骤可以让你获得非凡的结果。这三个步骤分别是：

1.前奏缓冲（人为/心理的）

2.解释（逻辑的）

3.确认问题（人为/心理的）

"前奏缓冲"

"前奏缓冲"是一种事先声明，它使人们做好准备放下防备，静心聆听。

你可能会认为把重点放在你的解释部分会很有逻辑性，但除非你能首先卸下客户的心理防御，否则就如同对牛弹琴。我所提到的"客户"，当然指的是我们的听众，也许是我们的老板、我们的配偶、我们的孩子、我们的政治选民、我们的同事，以及我们的顾客。

星期日

星期一

星期二

星期三

星期四

星期五

星期六

"前奏缓冲"指的是我们需要时间来与我们的客户产生共鸣，与他们并肩站立，首先从他们的视角看待问题，然后再进行我们的逻辑解释。如果客户给予否定的答复，那么我们必须再次从"前奏缓冲"阶段开始。但也有可能他们的回答不是否定的，因为我们说的话已经让他们感觉到我们了解他们关注的问题，我们没有强行否定他们的异议。

"前奏缓冲"给了对方一个机会：

- 冷静下来

- 认识到我们与他们立场一致

- 感觉到被理解

- 使他们关注的问题得到确认

- 感觉有面子

- 与我们建立融洽的关系

你认为这些对于那些持异议的人来说重要吗？当然重要。这就是为什么在前文的例子中，那位导师与他女儿的关系得到了改善。因为女儿感觉她的父亲的确花了时间来聆听她，关心她的想法。

人们想从我们这里获得什么

我们需要小心谨慎地思考这个问题。人们难道不是希望我们在任何情况下都能够倾听他们的心声，意识到他们关注的问题吗？而这不正是我们绕过"前奏缓冲"阶段，直接进入解释部分时会缺失掉的东西吗？

不要犯这样的错误。如果你犯了，你只会像从前那样以旧的方式处理异议，不会有任何改善。

你的解释再好，也不会被完全理解，除非你能与你的客户产生共鸣，并且真正在意他们所关注的事情。

控制价格异议

让我们来看看与销售人员相关的一个热门话题——控制价格异议。首先，让我们来看看成功与失败之间的差别。事实上，效率低下的销售人员通常会认为，如果商品或服务的价格更低，他们便能成功地销售出去。

然而，大多数顶尖的销售人员并不认为价格是一个障碍。为什么呢？因为你可能已经一次又一次地跌入过同样的陷阱。

为什么当其他人感到困难，停止前进的脚步的时候，顶尖的销售人员却能够轻而易举地摆平价格异议呢？

星期日
星期一
星期二
星期三
星期四
星期五
星期六

　　其原因是他们的态度与理解。如果你自己都觉
得价格太高，那么你肯定会将这一信息传递到客户
的心里；如果你自己都觉得价格太高，你便不会努
力找寻那些能够证明这一价格值得的好处。

　　如果价格与产品或服务的价值不匹配，那么我
们的企业还能存留下来吗？可能不会。

　　如果价格真的太高，那么就是到了应该解决问
题或索性转行的时候了。但问题的关键在于：不要
像广大效率低下的销售人员那样，试图无视那些能
够证明价格合理的依据。

　　我们必须大胆走出去，像那些身居榜首的销售人员那样，了解这个产品或服务被定位于这个价格的价值所在。这将决定我们的逻辑解释部分。我们必须记住在"前奏缓冲"阶段找到证明价格合理的依据。

　　为什么不把这个技巧付诸实践呢？看看你能达到什么样的效果吧。我想你一定会感到惊讶。你可以在今天通过使用本章的三步消除异议过程表（见后文）及后面的案例研究找到答案。

行动的过程

"我喜欢你的产品，但是价格太高了。"我们的客户经常会这样说。而在这个时候，我们不知道他所说的"太高"究竟是什么意思，是比竞争对手所销售的同款产品价格更高，还是这个价格高于他的预算，抑或是高于他的预期？但我们当下还不能直接提问，因为我们还没有打破阻力。

1. "前奏缓冲"

想想你的前奏应该是什么样的。它必须适合你和你的客户。在三步消除异议过程表中填写相应的答案。类似的答案如下：

"是的，怀特希尔小姐，我能理解您对这个价格的担忧。其实这个经济道理是这样的：商业必须让每一分钱都有其价值。其实，并非您一个人这样认为，许多客户在使用我们的服务之前告诉我们他们担心这个价格太高。然而，后来他们回来告诉我们，他们在接下来的半年之内得到了100%的投资回报。"

2. 解释

现在，我们过渡到逻辑解释阶段。在"前奏缓冲"阶段，我们设身处地了解客户关注的问题，我们甚至说他人也能感同身受。我们大胆走出去证明我们能够从客户的角度来看问题，理解客户的担忧。

那么，能够证明我们的价格的价值体现在哪里呢? 我们凭什么能够证明这笔花费是值得的呢? 在刚开始挖掘原因的时候，你可能会找到几十个原因。

从现有和过去的客户那里获得原因，这是最有效的一种方式。因为这样一来，你便能够告诉你的客户一些可信度较高的故事，例如："Tarmaco公司的菲利普斯上周告诉我，他们因为我们的服务，每天能够减少30分钟的故障时间。这相当于每年增加了10000英镑的营业额。"

我们要始终将我们提出的好处与顾客的购买动机相匹配。如果无关紧要，我们不会谈论故障时间，我们会选择某些能够确实证明这个价格对某些客户有益的实例。

证明价值的头脑风暴

再看一下后文的三步消除异议过程表，列出你能想到的所有能够证明这个价格的理由，然后再与同事和客户进行讨论，来补充列表。这似乎是一个艰巨的任务，但是，一旦你做到了，这将会是一片任君处置的金矿。

在继续阅读之前开始列表。哪怕只是在一张废纸上写下一两点，也能让你开始行动。第一步是最难的，我们希望你能踏上成功的道路。请记住，成功是由我们的行动及认知酝酿的。在养成新的引领成功的习惯前，我们必须果断地与旧的自我告别。

如果你无法将价格的必要性自圆其说，那么客户一定更不能理解其价值所在。你今天的充分准备会为你的明天赢得丰厚的奖励。

星期日
星期一
星期二
星期三
星期四
星期五
星期六

3. 确认问题

现在到了通过确认问题来一锤定音的时刻了："我的表述能否让您对这个价格满意呢，怀特希尔小姐？"

"嗯，是的，但我仍然关心成本的问题。"她回答道。

很好。现在我们知道她对运营费用没有疑义，但她仍对成本的问题有所疑虑。这并不是一个难题。

我们再次使用三步消除异议法。

1.我们从头开始，开启另一个"前奏缓冲"。

2.然后我们开始第二步——逻辑解释阶段。我们向她提供她将会获得的好处，以换来她对价格的接受。

3.最后便是第三步：确认。提出一个问题，看她是否接受我们的解释。

为你的每一位潜在客户准备一张下列图表，然后填写完成。

三步消除异议过程表

1. "前奏缓冲"	2. 解释	3. 确认问题
（人为 / 心理的）	（逻辑的）	（人为 / 心理的）
这将打开铁门，打破阻力。	证明这一价格的价值理由：接受好处，支付金钱。 a b c d	我们的客户了解和接受我们的解释吗？

搁置异议，果断收尾

我们可能无法对每一位客户所关注的问题都做出响应，总会有一个竞争对手能够提供我们提供不了的东西，总会有我们无法满足的要求。但是，当我们实现的满足多于怀疑之声时，我们便能够取得成功。

你可以随时使用直接的方法："玛格丽特，我们已经对您所希望达到的10个要求进行了讨论。我们能够满足其中8个要求。这8个要求是十分重要的。我认为这8个……"（我们列出与她相关的好处与价格依据）

我们问："您觉得这种服务能否让您从中受

益？"这样一来，便能够帮助客户看清情况。这10个要求当中的8个可能已经足以使他们获得满足，特别是当你所能满足的要求在重要性方面超越那些你无法满足的要求时。

提前做好准备

为你的成功做好准备，你需要武装好以应对所有可能产生的异议及应该做出的回应。复制下列图表。以防万一，你可以尽可能多地添加格子。

可能产生的异议之参考表

	"前奏缓冲"	解释	确认问题
1. 价格			
2. 交付时间			
3. 缺乏的专业知识技能			
4. 其他可能的异议 a b c			

在销售的演讲展示，与潜在客户的电话交流，甚至在书面沟通中，你都应使用事先在这张图表上备好的答案。

现在想想所有你可能会使用到三步消除异议过程表的地方。今天设定一个目标，来提高你的成功率，打破阻力的铁门，克服所有异议。

现在请想一想：

- 如何练习
- 如何记住并实践

总结

今天，我们研究了克服潜在客户提出的异议的一些方式，甚至如何想办法将他们的异议转变为我们的优势。

我们深度研究了消除异议的三个有效步骤，它们可以体现在价格、交货时间或任何其他因素上。

我们了解到，如果我们在回应异议时不做"前奏缓冲"，它就会沦为对牛弹琴。我们发现，我们的解释必须符合客户的要求。我们学会在消除异议的三个步骤结束时，提出一个简洁明了的问题："请问这是否满足您所关注的需求？"完成这些之后，我们将会评估客户的忧虑是否已得到解决，使它们不要像挥之不去的烟雾一样残留于空气之中，或者我们需要改变这些忧虑，以得到一个积极的结论。

当你掌握了这三步之后，就没有任何东西能够阻挡你前行。你的职业生涯将更加宽阔。所以，从现在开始，让这个技能成为你的特长。

请记住：

"前奏缓冲"的关键是让你的解释能被客户接受，让异议被消除。

小测试

1. 学习克服异议将对谁有用？
a) 青少年
b) 政治家
c) 客户
d) 每个人

2. 如果我们不克服异议，那么在销售中会发生什么？
a) 它会被忽视
b) 无人在意
c) 它会像经久不散的烟雾笼罩在广大客户的心中
d) 对企业有利

3. 进入到解释阶段之前，在处理异议的过程当中我们必须做些什么？
a) 打破防御，免去客户的担忧
b) 改变主题
c) 确保客户了解产品或服务的特点
d) 确保客户了解产品或服务的好处

4. 在处理异议的三个步骤当中，"前奏缓冲"具体指的是什么？
a) 让客户有机会感受到被理解
b) 让客户所关注的问题得到验证
c) 让客户与我们建立融洽的关系
d) 上述所有选项

5. 每一位客户—甚至我们认识的每个人—想要什么？
a) 被倾听
b) 让我们意识到他们的顾虑所在
c) 我们重视他们所关注的问题
d) 上述所有选项

星期日
星期一
星期二
星期三
星期四
星期五
星期六

6. 处理价格异议的最佳方法是什么？
a) 了解定价理由
b) 记得在给出价格理由之前做好铺垫
c) 把三步过程付诸实践
d) 上述所有选项

7. 解释阶段指的是什么？
a) 合乎逻辑的解释
b) 情绪层面的解释
c) 与此相反的阶段
d) 上述所有选项

8. 在克服异议过程结束的时候，应该提出哪一个最重要的问题？
a) "我们可以继续吗？"
b) "请问我的回答契合你所关注的问题吗？"
c) "您想要什么时候开始呢？"
d) "您对我的解释满意吗？"

9. 当我们无法满足客户关心的每一个问题的时候，我们应该怎么做？
a) 我们应该撤退
b) 如果我们所提供的好处多于客户未被解答的异议，我们便可以进行销售的收尾工作
c) 我们应该劝说客户放弃他所关注的问题
d) 我们应该将其转交给我们的竞争对手

10. 准备一张列出可能产生的异议与相应回应的图表，目的是什么？
a) 销售演示
b) 与潜在客户进行电话交流
c) 书面交流
d) 上述所有选项

Thursday

星期四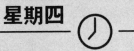

⊙ 掌握如何进行成功的演示并完成
收尾工作

完成一笔销售的收尾工作没有什么神奇之处。如果万事俱备，你只需要提出这样一个问题，例如"您对这个满意吗？"或"您希望从什么时候开始？"这样一来，这笔交易就更有可能被你收入囊中。但至关重要的因素是什么呢？

想要成功地完成销售演示与收尾工作须记住8个要素。其中的7个是为了在确定承诺的过程中寻找商业机遇。你的任务是成为一名精通这8个要素的专家。

你一直都在练习生活中的技能。现在只需要把它们以正确的顺序排列在一起——变成一辆"演示列车"。

今天，你将通过学习这辆演示列车的8个部分来建立你的专业知识技能：

- 了解企业的购买动机
- 了解个人的购买动机
- 展示产品的专业信息
- 了解竞争对手的优势与劣势

- 建立需求与好处之间的联系

- 解决异议

- 重新审视需求与好处

- 进行收尾工作

演示列车

演示列车的大多数环节包括进行真诚、使客户感兴趣的提问。有些环节需要展示与客户需求相关联的产品或服务的特点。

首先是发动机车厢，即列车的驱动部分。在成功的销售中，确定购买动机是演示的驱动力。而最后是守车，也就是列车的最后一节车厢，在销售中，这一部分就是你的收尾工作。列车的中部有6节车厢，分别代表影响收尾工作的其他因素。

1.询问——了解客户的企业购买动机。

2.询问——了解客户的个人购买动机。

3.了解——展示产品的专业信息。

4.了解——了解竞争对手的优势与劣势。

5. 告知——建立需求与好处之间的联系。

6. 告知——解决异议。

7. 审视——重新审视需求与好处。

8. 询问——进行收尾工作（你的收尾问题能够影响客户的决定）。

把你演示的每一部分都想象成一列货运火车的一节单独的车厢。每一节车厢都被漆得精美华丽，承载着琳琅满目的珠宝。

把我们自己想象成铁路督察。沿着车厢的一侧走过，滑开车门，我们看到每一节车厢里都装满了珍贵的蓝色、黄色、绿色的宝石。这些宝石分别代表：

● 事实

● 答案

● 联系

蓝色宝石代表事实。黄色宝石代表我们得到的答案。绿色宝石代表它们之间的联系。

在销售演示中，当你把问题的答案与事实结合起来的时候，你就可以确定重要的联系了。这些联系是你的销售过程中的绿灯。

1. 询问企业的购买动机

让我们一起来看看发动机车厢的内部，这里是留给客户的企业购买动机的。第一次滑开车门的时候，我们会发现它几乎是空的，里面有关于大多数人选择购买你的产品或服务的一些原因，却没有某位客户想要购买你的产品或服务的具体原因。

假设在销售行业毫无作用。但在我们提问的时候，发动机车厢会装载越来越多的事实与越来越多的珠宝，它们能够帮助我们将客户的购买动机与我们所提供的好处联系起来。

你作为一位顶级销售人员，与一位平庸的销售人员之间的不同之处在于，你会一再提问，直到你的发动机车厢装满了事实与答案。你会找到每一位决策者与每一位决策影响者的购买动机。每个答案、每个事实，都会变成你的发动机车厢中的一颗货真价实、珍贵非凡的宝石。

平庸的销售人员不会花时间来进行询问，因为他们认为当下这位客户与其他人无异。他们错误的假设会将他们引导至错误的联系。因此，他们为客户提供的好处也许对其他客户适用，却不一定适合当下这位客户。他们的时间便被白白浪费掉了。

我们不会让这样的情况发生在我们身上，因为我们明白，在这里花的时间才是最宝贵的。

2. 询问个人的购买动机

大多数效率低下的销售人员甚至不会推开这一节车厢的车门去看看里面的个人购买动机。他们认为，发动机车厢——也就是企业的购买动机——才是所有环节中重要的一个。没错，如果我们无法保证发动机车厢装满了珍贵珠宝，那么我们就无法进行销售。但我们绝不能低估另一个非常重要的因素：我们如何让我们的潜在客户和他们的企业一样，也产生购买我们的产品或服务的想法？

如果我们的潜在客户并非出于个人动机，那么他或她为什么会这样做呢？毕竟，他们有他们的任务。我们的销售是在他们百忙之中的一次入侵。

我们一定要找出他们的动机。究竟什么能激励他们个人的购买动机呢？会不会是如下原因：

- 节省时间
- 提高声望
- 减少混乱
- 减轻压力
- 提高士气
- 保持更新
- 职业发展

● 更多的自由时间

我们必须进行询问。我们需要用货真价实的珠宝——答案与事实来填充我们的车厢，以创造销售必需的真正的联系。

3. 展示产品的专业信息

当我们在脑海中把产品的情况回放一遍又一遍之后，联系建立的速度会加快。我们掌握产品的专业信息——这节车厢里那些蓝色的宝石便是有关我们的产品和服务的情况。现在，我们正在把黄色的宝石——关于客户的企业和个人购买动机——倾倒进去。

黄色和蓝色的宝石被放在一起，映入我们的脑海，绿色的火花迸射开来。这些都是我们建立的联系——需求与好处的结合，即人们选择购买的理由。

当然，你的车厢满载着丰富的信息。你费尽心思找出现有客户选择使用你的产品的原因，你发现他们得到的好处。你已经建立了关于这些好处的第一手信息。你知道你必须提供给潜在客户的每一个细节。你已经查询过相关文献，并且咨询过内部专家。对于这一切，你已经十分清楚了。

4. 了解竞争对手的优势与劣势

当你望向这节车厢内的时候，不要害怕。

> 信息就是力量：我们知道得越多，在维护我们能够提供的好处的时候，我们所占据的位置便越好。

我们的竞争对手可能具备一些优秀的功能，但是，如果这些功能对于我们的客户并不重要，我们依然可以实现我们的销售并获得胜利。了解竞争对手能够提供的好处，我们就不会措手不及地被打败。我们就能有时间在脑海中盘算一下，不动声色地接受它，把它作为对手的一个特点而更客观正确地看待。

"是的，"我们可以对自己说，"他们具备这个功能，我们具备那个功能。现在让我们看看谁需要什么。让我们来看看好处的组合。让我们来看看他们的好处和我们的好处各自的成本，并找出谁愿意付出什么以购买那些好处。"

当客户说我们的竞争对手具备A功能的时候，我们就可以说，"是的，那么请问您觉得这个功能怎么样呢？目前市场上存在着各种各样的功能，我们通过研究用户在这个价位上最想要的功能而创造了我们的功能，而且它们易于使用"云云。下一步，我们将帮助客户全面地衡量和看待。

星期日

星期一

星期二

星期三

星期四

星期五

星期六

关键问题

● 客户真的需要我们的竞争者提供的那些好处吗?

● 这真的是一个优势吗?

● 客户真的会使用这个功能吗? 这个功能有坏处吗?

● 它需要客户在资金、时间、精力方面花费多少呢?

● 为了获得这项功能,客户需要放弃什么?

● 启动与维持的成本是多少?

● 你的这么多功能与好处在哪些方面能超过竞争者提供的功能与好处呢?

通过帮助客户进行评估,可能会让客户发现某一点并不重要。上一个销售人员可能让客户觉得某个花里胡哨的功能不可或缺,但是你通过彻底询问他们的购买动机,可以帮助他们进行反思。

93

信息就是力量。我们的车厢里装满了关于竞争对手的信息，我们处于强势的地位而非弱势。我们无可畏惧。我们可以建立作用于我们和客户的关系。

5. 告知客户他们的需求与你的产品和好处是如何联系起来的

现在到了讲述事实的时候，请从字面理解我的意思。如果我们掌握了客户的需求和动机方面的事实，同时掌握了关于我们的产品具备的所有功能的事实，那么我们就可以通过建立它们之间的联系给客户一盏购买产品的心理绿灯。

当今的销售并非一个人为操纵的过程。销售是帮助客户了解我们提供的产品与服务如何满足他们的需求的过程。请注意，这里有两个要点，且第二个要点是成功的关键：

（1）我们提供的是什么

（2）它会如何满足客户的需求

许多低效的销售人员仅仅关注第一个要点。他们永远无法意识到客户并不会想从一个喋喋不休地说着"我们可以做这个，我们可以做那个，我们还可以怎样怎样"的人手上购买产品。

谁是世界上最重要的人？当然是客户。一个只会谈论产品及用途的销售人员并不能让客户感觉到自己被重视或被关心——而这与客户的需求相关，决定着销售的成败。

如果不去询问客户他们真正的诉求，他们所希望得到的好处，他们的目标，他们将会如何使用这一产品或服务，那么我们便无法建立联系。我们不是在进行一次审问，而是从一个协商性的、关切的角度出发，真正地想要提供切实的帮助。不要犯低效销售人员的错误——只做一半的工作。这只能使你得到一半的结果。一定要做完整个工作——建立联系。告诉客户我们的产品或服务如何满足他们的需求。做到这一点，你的销售额将增加一倍以上。这是在各个行业通行的道理，从零售业到航空业，从产品和服务到政治和教育，都是如此。

星期日
星期一
星期二
星期三
星期四
星期五
星期六

销售任何东西，哪怕是一种理念，我们都需要将客户的需求与他们会获得的好处建立完美的连接。列出一张关于好处与客户需求的清单。这一过程将帮助你在见到他们的时候做出敏捷果断的反应。

陈述需求和好处之间的联系（客户X）

需求：客户希望把他们的部门年度管理费用减少15000英镑。

好处：比如，"我们的系统与您当前使用的系统相比，可以节省20%的人力时间"。

联系：比如，"使用我们的系统，你就能减少两名临时工作人员，节省30000英镑。节省下来的这30000英镑将用于支付第一年的系统费用，并且能够将您的运营成本减少15000英镑。之后，您每年都能节省一大笔费用"。

制作一张如下表格，填写需求与好处，以及对你的客户而言这两者间的联系。

	客户 A	客户 B	客户 C
需求			
好处			
联系			

一旦获得了建立联系的专业技能，你就可以以口头或书面的形式进行沟通，从而提高你的销售成功率。

6. 告知客户如何解决异议

请记住，除非你能够妥善解决异议，否则异议会像浓烟一样笼罩，久久不散。只要使用周三学到的三步消除异议法，你就可以妥善解决异议。你要让客户知道你能够设身处地地体会他们的感受，理解他们所关注的问题，然后你给出你的解释，接下来看看客户所关注的问题是否得到了合理解决。

低效的销售人员并不认为这节车厢里装满了有益的珠宝，他们把它看作是装满了毒蛇与恶魔，希望这节车厢永远锁闭。他们想绕开它，尽可能地一

星期日
星期一
星期二
星期三
星期四
星期五
星期六

直远离它。

　　低效的销售人员想要清扫每一处异议，天真地希望异议永远不再出现。殊不知，当顾客的头脑中锁定了这样一个想法——他们的异议就是现实——的时候，异议便会在他们心中郁积。在低效的销售人员侃侃而谈的时候，客户心里其实早就想收拾公文包回家去了——他们并没有听销售人员的喋喋不休。

　　而你的车厢装满了蓝色和黄色的宝石，因为你已经对可能产生的异议和解决方案进行了研究，并且你通过提问的方式找出了客户所关心的问题。

　　你掌握着事实与答案。因此，你能够轻松敏

捷地对付任何异议，就如同牵着客户的手穿越一个迷宫。

7. 重新审视需求与好处

这是最有价值的一个阶段，因为它揭示了全局。它使我们一切为客户着想。我们已经讨论了动机、信息、好处、需求与异议。现在，我们已经准备好迎接全局。

"您之前告诉我您想要实现X、Y和Z。请问您现在仍然这样想吗？"我们必须提出这样的问题。我们正在帮助客户重新关注他们的需求，除去多余的担忧，遗忘竞争对手所提供的那些冠冕堂皇的好处。

接下来，我们可以说"我们发现，通过这些方法，我们可以满足X、Y和Z……"然后简洁地阐述我们的好处。不宜进行冗长烦琐的描述，要不然，客户就会忘记X、Y还有Z是什么。

我们继续将措辞的重点放在客户所获得的好处之上，而不是我们能提供什么。"有了这台机器，您可以将您的文件在6秒之内传到您在澳大利亚的同事

星期日
星期一
星期二
星期三
星期四
星期五
星期六

手中。这将帮助您减少沟通的时间以达成目标。"

我们不会说："这台机器为您提供了第三类高速数字传输技术。"这些描述仅仅是针对机器本身的，而不是针对客户的。另外，这样说则根本没有提及客户的需求。

然而，这就是大多数低效销售人员的处理方式。当然，你不会这样做，因为你的车厢里装满了宝石——你通过将需求与好处结合而创造的联系。你已经将重要的好处与不那么重要的好处都筛选出来，清晰地呈现在客户面前，并且对那些重要的部分进行了强调。

> 请专注于客户会从你的产品或服务中获得的好处，而不是你所能提供的好处。

8. 收尾工作：询问客户的决定

最后一节车厢——守车，是重中之重。

最近的研究显示，五分之四的购买者希望被催促着购买，等待着被提问。他们不会主动提出购买，因为他们希望销售人员提问，他们认为这是整个销售过程的一部分。他们在等待，如果没人询问他们的话，他们购买的意愿便会悄悄溜走。

让我们来看看是什么原因导致这一关键时机的错失。可能有几种情况发生。一个竞争对手可能会半路杀出截获这笔订单，客户可能会失去兴趣或直接将他们的资金转移到另一个项目上去。

低效的销售人员不主动询问，便会失去这一良机。但是，你会采取不同的方法。从一开始，你就清楚自己想要什么。你已经让客户得知你的产品或服务可以帮助他们，之后你走的每一步都在逐渐完善这一承诺。你的做法让客户看到自己将如何使用这个产品并从中获益。

现在，当你询问客户的决定的时候，一切几乎已成定局。产品的好处已经很清晰了，并且与客户所表达的需求联系紧密。

你一直是客户寻找答案过程中的催化剂，帮助他们一路解决各种障碍，通过充满未知的迷宫，帮助他们获得答案。

这时候，你询问他们的决定是什么并不突兀。这不会给对方带来压力或紧张，这是一个自然而然的步骤。我们的客户需要一个问题来帮助他收尾，当然这一收尾工作会根据情况而有所不同。

收尾问题

● "那么请问您需要购买这个吗？"（我们可能会在零售柜台提出这样的问题）

● "您觉得这项服务会对您有所帮助吗？"（我们可能会在服务销售中提出这样的问题）

● "我们所提供的好处是不是比其他供应商的更有意义呢？"（我们可能会在系统销售中提出这样的问题）

● "那么请问您可以与我们合作吗？"

● "那么我们应该在哪一天落实这个计划呢？"

现在停下来，制作一张列表，列出你觉得收尾工作中适合提出的问题。那么，到了演示阶段，你便不会觉得恐慌。相反，你会看到你的那节守车装满了珠宝。你能够提出一个接一个你所设计的对你来说——而不是对其他人——行之有效的问题。

再看看本章开头的演示列车。你现在明白成功的秘诀是什么了吗？

建立你的专业性

大多数低效的销售人员压根就没有一辆属于自己的演示列车。他们只有一丁点儿的产品知识。他们从不会提出任何问题来确定客户的需求——他们以为自己知道。他们不会创建任何关于需求的联系。他们仅仅谈论产品本身，而不是它会给客户带去的好处。他们在任何可能的情况下都会避免产生异议，并且他们从不过问业务。

你会想要雇用这样一个人来为你工作吗？也许不会，但是许多经理发现自己别无选择。他们雇用员工，想方设法培养他们、鼓励他们，然后希望能够有好的回报。

而你的情况截然不同。你确立了属于你自己的专业性，它让你鹤立鸡群。

你要继续保持这种良好的表现。你的奖励即将到来。通过持续在销售领域建立自己的专业性，你会增加你对于自己及公司的价值。

许多像我一样的销售领域的人都创建了自己的企业，或者晋升为总经理或执行总裁。他们都被选为重要的社会团体的领袖。为什么呢？因为他们明白如何激励、找寻人们的需求，以及通过与人交流来满足这些需求。想象你是一位执行总裁，你需要说服董事会去完成一些至关重要的事情。现在再去看看本章开头的那辆演示列车。你向董事会推销想法的过程是否与将产品销售给客户的过程一样呢？你在销售领域学到的专业知识将帮助你明确对方的需求和动机，提出你的想法的好处，并将其与对方的需求相联系。

总结

今天我们揭示了决定成功的销售演示与收尾工作的8个步骤。每一个部分都不可或缺，并且环环相扣，就像货运列车的那些相连的车厢。

首先，我们看到将企业的购买动机具体化的重要性，其次是客户的个人购买动机。我们发现，后者常常被忽视，这就会导致销售失败。第三，我们探讨了产品专业知识。第四是关于竞争对手的优势和劣势。我们发现，如果我们深入询问企业购买动机和个人购买动机，那么取得超过竞争对手的优势也是一件容易达成的事情。通过这种方式，我们可以创建我们产品的优势与客户需求之间的联系。在第五和第六个步骤中，我们将需求与好处联系起来，解决异议。这为我们的第七个步骤打通了道路——重新审视需求与好处。最后，第八个步骤——成功收尾，为这笔销售画上一个圆满的句号。

请记住:

五分之四的客户会等待我们提出问题。一定要问出那个收尾问题。

星期日

星期一

星期二

星期三

星期四

星期五

星期六

小测试

1. 假设客户的购买动机会带来什么危害？
a) 你很可能会理解错误
b) 你所做出的假设只是大多数人购买的原因，而非某个特定的客户选择购买的原因
c) 你浪费了大量的时间，极有可能会失去这单销售
d) 上述所有选项

2. 为什么平庸的销售人员不去花时间询问购买动机呢？
a) 他们认为当前的客户与其他客户一样
b) 他们使用的是突击销售法，想要尽快结束与客户的交谈
c) 他们没有花时间去学习如何提问
d) 上述所有选项

3. 客户的购买动机分为企业和个人两类。下列哪个选项属于个人购买动机？
a) 节省时间
b) 职业发展
c) 减轻压力
d) 上述所有选项

4. 我们应该如何探索客户的购买动机？
a) 通过询问
b) 通过告知
c) 通过审问
d) 通过侦察

5. 在销售中，最重要的是什么？
a) 我们能够为客户提供什么
b) 我们所提供的东西如何满足客户的需求
c) 我们所提供的东西如何为客户省钱
d) 我们所提供的东西如何对客户的职业生涯起到帮助作用

6. 如果不克服异议，它会像什么东西一样存留下来？
a) 烟雾
b) 毒蛇
c) 障碍铁门
d) 上述所有选项

7. 为什么重新审视客户的需求和我们所能提供的好处是销售过程中最有价值的一个部分？
a) 它揭示了全局
b) 它把一切都转变为客户视角
c) 它为收尾工作做了铺垫
d) 上述所有选项

8. 在销售过程中，我们措辞的重点应该放在哪里？
a) 我们可以提供的好处
b) 客户可以得到的好处
c) 产品或服务的特点
d) 节省开支

9. 什么是销售的收尾工作中最重要的部分？
a) 表现出浓厚的兴趣
b) 询问客户的决定
c) 做出承诺
d) 热爱你的工作

10. 销售专家具备什么特点？
a) 他们很容易训练
b) 他们是十分健谈的人
c) 他们鹤立鸡群
d) 他们比比皆是

星期日
星期一
星期二
星期三
星期四
星期五
星期六

Friday

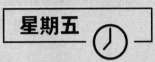

星期五

⊙ 打造激励实践体系

Create
Action-
Provoking
Systems

正在阅读本书的人当中，大多数具备创造卓越成就的天分。你愿意通过新的途径来收获更好的成效，特别是只需要很小的努力和变化便可以实现很大进步的时候。

这就是本章的忠告。举个例子，当你在提高网球技能的时候，10%的改变会为你带来100%更好的成绩。在销售方面亦是如此。

今天我们就来看看"激励实践体系"的重要性，利用这些体系的最佳途径，以及这些体系与其他体系相比的关键性优势。

你在继续阅读下去的过程中，不要被"体系"这个词所误导。这个词对你而言可能略有距离，甚至会给你带去一丝寒意。毕竟，销售人员有时会被认为是自发的、惯性使然——这些特质往往会引领他们走向成功。

然而，当我们在这里提到"激励实践体系"时，我们指的是可以让你获得如下好处的方法：

- 让你始终保持在正确的轨道上

- 节省你的时间
- 集中你的努力并使之朝着正确的方向

趁热打铁

趁热打铁是一个关键问题。如果在发送一封信件或是一封电子邮件的半个月以后，我们再通过电话询问进展，那么这通电话的效果只有我们在头两天拨打电话的效果的五分之一。

这是因为人们会在两天以后忘记他们所见所闻的60％。如果我们在信件或电子邮件发送后不久便打电话，那么这件事情对他们来说还是新近的、新鲜的；如果我们在三个星期之后再打电话，那么他们会不记得这件事。

你在跟进你的潜在客户，想要让他们做出决定的时候，亦是如此。怎样算是跟进得太晚呢？在我们的竞争对手加入进来之后，或者在客户的预算被分流之后？

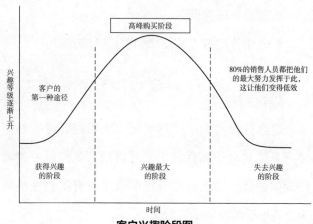

客户兴趣阶段图

努力工作还是高效工作？

大多数销售人员把时间和精力投入到销售过程中的时候都太晚了。因为没有一个激励实践体系，他们只在自己有时间的时候做事，而不是在正确的时候做事。这种情况往往为时已晚。

一个激励实践体系能够帮助你把时间用在刀刃上：

● 帮你把已经开始的销售进行收尾

● 找出正确数量的潜在客户以满足你的目标

你对此有何经验?

你现在使用的是什么样的体系?

也许你的经验与来上过我的课程的资深销售人员约翰相似。他当时拼命地寻找一种方法来增加自己的销售业绩,却不知道该如何做。

我们问他激励实践体系是什么样的,他回答说他每天都会记日记。他说:他会把所有的一切都记入日记,然后翻到崭新的一页。但他承认,将所有事情全部记下来工作量很大,并且很容易错过或者忘记一些事情。

我们看了看约翰的体系,然后向他展示了如下表格。你可以亲手绘制或在计算机上创建一个如下的表格。

星期日

星期一

星期二

星期三

星期四

星期五

星期六

6月	1	2	3	4	5	6	7	
1. 史密斯公司	X							
2. J. 布洛格斯								
3. 伊士曼		X						
4. 温特斯		X						
5. 皮尔公司								
6. 约翰逊								
7. 威瑟斯								
8. 古德曼公司		X						
9. 琼斯·布拉斯								
10. 肯特·艾尔								
11. P. V. 安克	X							
12. 巴塞特		X						

激励实践体系

"这个系统的优点在于,"我们告诉他,"我们可以在早晨走进办公室的那一刻便一眼得知我们所有主要的潜在客户。我们能立刻知道针对哪些需要采取行动。"

"6月1日,有2家公司需要我们采取行动。6月2日,有4家公司需要我们采取行动。我们只需要把他们的相关文件找出来,看看需要采取哪些行动。"

激励实践体系的优点

激励实践体系为我们提供了两个关键的好处:

1. 我们不太可能会忘记任何一个人。因为他们的名字已经被填写在表格当中。

2. 我们一看便能得知我们有多少位潜在客户。

比方说，我们连续5天给某一位客户打电话，而每一次我们都未能接通。我们在接下来的那个日期上画一个X，以此提醒我们记得拨打电话。

之后，我们将拥有更多重要信息。我们可以浏览一下表格，看看X的数量。如果看到五个X并成一排，我们就会知道我们的努力没有成功。如果这是一位很受欢迎的潜在客户，那么我们最好加倍努力或采取其他行动。

约翰看起来将信将疑，但他决心尝试一下。他在一个月后给我们打了一个电话，他说这个新体系让他的销售数字在仅仅30天内便上升了40%。

日记体系的弱点

"日记体系很容易让我失去一些潜在客户，"约翰这样告诉我们，"这个月，通过将客户的名字填写到表格中，我成功地完成了3笔销售。如果继续使用我的旧日记体系的话，在我翻开崭新的一页时，我

星期日

星期一

星期二

星期三

星期四

星期五

星期六

会很容易遗忘之前的事情，而现在，他们的名字都排列在表格之中，导致我无法忘记。我能够从表格中清晰地看到我的行动，这能够督促我更加努力地联系客户。这个方法能够让我更加坚定。我觉得我掌握了更多的控制权。"

你可能和约翰一样，一开始会有一些抵触。你可能有一个你自己的体系。没关系。但你可以试着问自己以下几个问题：

● 我的体系使用效果怎么样？

● 我到底错过了多少个机会？

如果你想要成为一名优秀的销售人员，你必须仔细确认你目前体系的每一个细节，看看是否有不同的做事方式。你可能会找到一种方法，让你的体系发生一点小小的变化，却可以给你带去相当不同的结果。

今天就检查你的体系，并找到其弱点所在，然后制订一个新的、改良版的体系。

计算机体系的弱点

"我们有一个完善的计算机体系，"一位销售人员说道，"它能够告诉我们为一位潜在客户所做的全部事情，以及现在我们处于哪一个阶段。"

"太好了，"我们说道，"那么它会不会告诉你下一步行动应该在什么时候展开？它会不会告诉你这一连串的潜在客户分别需要你在哪一天采取行动？"

"好吧，我不确定，"他说，"但是，我们想要看某一位潜在客户的资料的话，就可以提取出来，然后查看我们所采取的行动的历史。"

想想他说的这些话，看看你是否能找到两个谬误。历史没有错误，但历史就是历史，它不会激励我们在具体的某一天采取行动。

我们发现了这个方法的第一个谬误——将"采取过的行动"与"将要采取的行动"混淆在一起。

再想想这位销售人员的计算机体系，你能否发现第二个谬误？当我们问他是否知道要在哪一天对哪一位潜在客户采取行动时，他说他不确定。那么这告诉了我们什么呢？它告诉我们，他并没有在使用这个体系，至少这个体系不会提醒他每天应该做些什么。

一个我们不去使用的体系对我们而言毫无意义，而且制订一个我们以为对自己有用，实际上却毫无用处的体系是一种非常危险的行为。

> 请冷静地看看你的体系，问问自己："它真的对我有帮助吗？"如果没有的话，请不要自欺欺人地以为它有帮助。现在制订一个高效有用并且适合你的体系吧。

潜在客户记录体系

我们所寻找的是一个能够激励我们实践的体系，而不是一个保存历史记录的体系。我们需要一份报告，让我们能够一目了然地得知两件事情：

● 在每一天开始的时候需要采取的一系列重要行动

● 每一位我们已经对其采取过行动的潜在客户的名字，旁边应该附上还需采取行动的天数（如同会计使用的一份关于长期债务人的报告）

只有这样做，我们才能建立一个很好的体系；只有这样，我们才能保证自己"趁热打铁"。

如果你需要一次性对接上百位潜在客户，那么这个手作的体系可能会对你有帮助。这个体系由两个活页文件夹组成。它对于电话销售和电话预约特别有用。

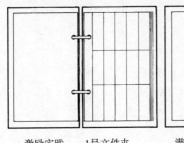
激励实践——1号文件夹

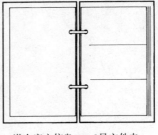
潜在客户信息——2号文件夹

星期日
星期一
星期二
星期三
星期四
星期五
星期六

在1号文件夹中，我们有52张表格或打印出来的资料，每一张代表着一年中的一个星期。每一张表格的顶部都标记着这是第几个星期、日期及星期几。

下侧则列出了：

- 新的潜在客户

- 继续跟进的潜在客户

- 预约确认

表格如下：

激励实践——1号文件夹				
第几周			日期	
星期一	星期二	星期三	星期四	星期五
新的潜在客户				
○				
继续跟进的潜在客户				
○				
预约确认				

星期一，我们在走进办公室的那一刻便能知道今天必须"激活"一定数量的新的潜在客户。这个数字取决于我们当年的总目标，这是我们将总目标细化分解为每日目标的结果。我们的潜在客户可能来自一本电话簿、一个商会名单、一个行业列表，或者是一封发出的信件或电子邮件的列表。

现在我们已经准备好通过电话跟进每一位潜在客户。看看我们的2号文件夹，里面记录有潜在客户的信息。

这个文件夹中的单张工作表看起来是这样的：

潜在客户信息——2号文件夹	
公司名称　　　　　　　　　编号 A 103	
人物	
职称	
地址	
电话号码	
○　联系日期与讨论详情	
公司名称　　　　　　　　　编号 A 104	
人物	
职称	
地址	
○　电话号码	
联系日期与讨论详情	
公司名称　　　　　　　　　编号 A 105	
人物	
职称	
地址	
电话号码	
联系日期与讨论详情	

　　一页纸上可以写下3个或3个以上潜在客户的基本信息。因为潜在客户数量众多，于是我们给每人编一个编号，这样更容易将他们的信息排列到这个表格里。

在星期一的晚上，我们的表格如下所示：

激励实践——1号文件夹				
第几周			日期	
星期一	星期二	星期三	星期四	星期五
新的潜在客户				
A 105 ~~A 106~~ ~~A 107~~ ~~A 108~~ A 109 ~~A 110~~	A105 A109			
继续跟进的潜在客户				
~~A 63~~ ~~A 22~~ ~~A 37~~ A 88 ~~A 94~~	A 88			
预约确认				
A 80 ~~A 26~~ ~~A 37~~	A 80			

你会看到，你已经与大部分潜在客户联系过了。他们的编号已经被斜线划去。潜在客户A105、A109、A88和A80还未与你达成统一意见，因此他们被列进星期二的待办事项中。

126

所有的记录都可以保存在潜在客户信息文件夹中，或者存在笔记本电脑里，便于随身携带。

当我们得到的一位潜在客户的信息足够详细时，我们便可以为他建立一个单独的文件夹，存放在我们的电脑或文件柜里。

记得花时间思考什么样的体系适用于你。你可以问问自己以下几个问题：

● 我会在哪里使用这个体系：在车上，在办公桌上，还是其他地方？

● 我每天、每周和每月分别需要记录多少位潜在客户？

● 我需要什么尺寸的笔记本或表格？

● 我会将备份信息存储在哪里？

● 我的体系应该是什么样子的？

● 还有谁会使用这个体系？

● 谁将会成为潜在客户？

● 谁将会成为接下来需要联络的对象，截止日期是什么时候？

● 我会在一天当中的什么时候采取行动（例如电话预约、通过电话跟进）？

结合你的具体情况，继续添加一些其他的问题。

如果没有一个激励实践体系，我们便没有所需的支撑体系。我们的能量是分散的，并且月底的时候我们会非常失望，因为我们没有得到期望的结果。

从今天开始设计一个激励实践体系，让你的努力从此变得高效。

总结

今天，我们探讨了拥有一个自我创建的激励实践体系的重要性。由你创建，只适用于你；简单易用，必要的时候便于携带。它可能会被输入电脑，也可能不用。

你的体系的最显著特点在于，它会提示你每天需要做什么。如果仅仅记录每天做了些什么，那么这个体系便不是一个激励实践体系，而仅仅是一个数据采集体系。它不会帮你把今天需要达成的目标变为实际行动。它不会帮你把收入增加一倍，不会帮助你获得晋升，也不会帮助你开展自己的业务。虽然在数据收集方面十分有用，但对你达成目标而言，它很大程度上都是在浪费时间。

而一个激励实践体系将会让你超越80％的销售人员——那些低效的销售人员想要努力却为时已晚。你的体系能够使你保持在正确的轨道上；趁热打铁，在

星期日
星期一
星期二
星期三
星期四
星期五
星期六

客户仍有兴趣的时候进行完美的收尾……而不是在他们失去兴趣之后再软磨硬泡。

请记住:

你的激励实践体系能够让你掌握主动权。

小测试

1. 有多少比例的销售人员把大部分精力放在销售的收尾工作上时却为时已晚？
a) 40%
b) 80%
c) 20%
d) 10%

2. 购买周期中最重要的时期是哪个？
a) 兴趣增长时期
b) 兴趣最大时期
c) 失去兴趣时期
d) 上述所有选项

3. 这么多的销售人员将精力投入得太晚以致销售失败的最主要原因是什么？
a) 他们没有一个激励实践体系
b) 他们有时间的时候却没有工作
c) 他们不想被视为过于激进
d) 上述所有选项

4. 一个激励实践体系会给你带来什么好处？
a) 它将帮助你把时间用在刀刃上
b) 它能够帮助你将已经开始的销售工作进行收尾
c) 它将帮助你确定能够实现你的目标的新的潜在客户的正确数量
d) 上述所有选项

5. 什么体系最没有可能帮助你达成目标？
a) 日记体系
b) 没有列出每一位潜在客户的体系
c) 只记录做了什么，而没有记录需要做什么的体系
d) 上述所有选项

6. 计算机体系必须做好什么工作从而帮助你达成目标?
a) 告诉你你为一位潜在客户所做的全部事情,以及你现在处于哪个销售阶段
b) 告诉你应该在哪一天采取下一步行动
c) 告诉你任何一天你需要联系的潜在客户的名单
d) 上述所有选项

7. 一个销售体系的最大的失败是什么?
a) 将已采取的行动与要采取的行动混淆
b) 凌乱的文件
c) 携带不便
d) 数据太多

8. 一个销售体系应具备什么信息才能以最快的速度帮助你达成目标?
a) 关于潜在客户的历史数据
b) 新的潜在客户的列表
c) 每一位潜在客户的建议代码
d) 你每天需要联系的潜在客户的名单

9. 当你创建一个激励实践体系时,以下哪个问题你需要问问自己?
a) 我会在哪里使用这个体系:在车上,在办公桌上,还是其他地方?
b) 还有谁会使用这个体系?
c) 谁将会成为接下来需要联络的对象,截止日期是什么时候?
d) 上述所有选项

10. 如果你没有一个激励实践体系,将会发生什么?
a) 你将不会拥有一个你需要的支撑体系
b) 你的能量就会分散
c) 你会因为没有得到你所希望的结果而感到失望
d) 上述所有选项

Saturday

星期六

> 实施动力与支持体系

Implement
Motivation
and
Support
Systems

人们常常告诉我，他们发现销售最困难的部分就是让自己一直保持积极向上的态度并且始终处在正确的轨道上。在销售行业，销售人员不会像其他行业从业人员那样经常有一个支持网络。通常来说，没有人为他们设定所谓的最后期限，或告诉他们下一步工作是什么。

我认识一位女性是奥运会游泳项目选手，她在目标设定和实践方面是一个严格自律的人。她在家中创建了自己的销售公司，她告诉我："克莉丝汀，我不再有任何体系——像我以前工作中那样的体系。"

她不知道的是，她必须创建一个属于她自己的动力与支持体系。好消息是，在运用了这本书中的一些原理之后，她作为一个奥林匹克运动员的精气神又回来了。

你也将会如此。今天你将学习如何：

- 做好自己的啦啦队队长
- 创建自己的支持体系

- 保持积极向上的态度
- 消除低迷情绪
- 敢于不同
- 克服障碍

做好自己的啦啦队队长

"每个人都会有陷入低迷的时候，"我的第一位销售经理告诉我们的销售团队，"但最终将你们拯救出来的只有你们自己。"

如果我们有一位销售经理，像最好的足球教练一样，在每一个回合指导我们、鼓励我们，那就太棒了。然而，这是不切实际的。经理们忙于各种活动，而且他们不可能像我们一样清楚我们自己的个性和动机需求。最重要的是，想想看我们的成功究竟依赖于谁：他们还是我们自己？

星期日 星期一 星期二 星期三 星期四 星期五 星期六

约翰！
加油！

　　既然不能等别人来激励我们，帮助我们建立动力系统，那么我们就必须自己行动起来。实际上，我们应该在脑海里时刻携带上自己的啦啦队队长与足球教练。

　　确立什么样的动机和支持系统能让你抵达巅峰？

我需要怎样的支持？

仔细想想你自己的情况。想想看，当你遭遇了情绪低落的一天，你需要什么样的支持和鼓励？在平常的日子里，你会想要得到怎样的支持？

尽量想得具体一些，然后完成自己的列表。它可能包括这些方面的支持：

- 目标设定
- 达到某一特定的里程碑
- 始终做一项平凡的任务
- 无准备调查访问
- 获得预约
- 鼓舞士气
- 建立信任

今天我们就来学习顶尖成就者的动机和支持体系，这样你就可以选择适用于自己的体系，然后立即实施。它们包括：

- 支持你的人

- 养成积极向上的态度

- 确认你的长处

- 用不同的方式做事

- 克服障碍

- 定义你的目标

创建自己的支持体系

你需要从人们那儿获得什么？一位顶尖的推销人员一天会通过手机与他的妻子进行4次交谈。他喜欢有一个人分享他的进步，他的跌宕起伏，他所经历的考验与磨难。

确定你想要从人们那里获得怎样的支持。在生活当中，我们每个人都有愿意支持我们的人，尤其是如果我们也同样愿意支持他们。

那么你的支持者会是谁呢？拓宽视野，看看那些潜在的支持者。他们可能是你的合作伙伴、朋友、同事、销售员或领导，可能来自你的社交圈，可能是进步思想家，可能来自社区、商会，可能是你的新朋友或客户。

　　要明确你想要的究竟是哪一种支持，在这里我指的是前文列出的那些。然后设置你的目标，与你的支持者分享你的进步。比如在一个星期内每天都向他们报告你的进步。这会帮你开启一条崭新的路程，或有助于你养成一个新的习惯。我就会与一位拥有自己公司的朋友交流这些心得。

　　现在开始思考你能和谁倾诉。当你发现原来有非常多的人愿意支持你的时候，你会感到惊讶。

星期日

星期一

星期二

星期三

星期四

星期五

星期六

保持积极向上的态度

如果你不保持一个积极向上的态度，你的客户会有一个积极的心态吗？答案是否定的。

我们每个人的脑海中都会飘过一些消极的想法，但是否让它们留下，这是我们可以掌控的。第一步，就是注意我们的想法是什么。

请注意你的想法

如果你想要计算1分钟之内你的脑海中闪现了多少个想法，你可能会得到一个超过60的数字。我们不可能抓得住每一个想法，那么为什么我们不从中挑一些积极的想法留下呢？在生活中，我们常常向那些消极的想法投降，忘记了我们的初衷其实是坚持那些积极的想法，释放那些消极的想法。

释放消极想法

在写《世界顶尖销售高手的秘密》这本书的时候，我采访过一位顶级销售主管，他已经养成了他自己的思维清理习惯。这对他释放消极想法非常有效。

他会在每天下班后散步时回忆这一天是如何度过的，并反思他做出了哪些错误的决定，应该怎样纠正错误，在下一次遇到相同情况时应该做出怎样的改变。然后，他会释放由于当天犯了错误而产生的所有消极想法及残留的内疚感。

换句话说，他专注于纠正自己的错误，而不是贬低自己，把错误引起的消极想法置于首位。

现在想想你可以做什么：

- 倾听你的想法
- 专注于纠正你的错误
- 保持积极乐观的心态
- 释放消极情绪

你可以像这位成功人士一样每天分配一些时间进行自我审视吗？你能把那些积极的想法记录下来吗？你可以采取哪些措施？请带着这些问题继续阅读。

消除低迷情绪

消除低迷情绪最好的办法就是花一点时间来确认你的长处，以及你所做过的正确的事情。花一些时间来确认你的执着、你的耐力、你的决心、你的进步、你的销售技能的培养等。

从孩子身上观察人的发展。一个两岁的小孩说："我能做到，我能做到，我能做到。"一个三岁的小孩说："我做到了，我做到了，我做到了。"他们就这样从信念、决心和信仰一路走向了成功。

这也是我们在创造成功模式的过程中需要做的。首先，我们必须积极乐观地相信我们能够做到；然后，我们必须用事实来证明我们的确做到了。

这就是你必须停下来确认你的进步和成功的原因。不要等到你达到最终结果的时候再这样做，因为你将会在等待中陷入情绪低迷的状态。要认可自己一路上的每一小步努力。

> 为了获得最大的成功，写下你向成功迈出的每一步，在每天晚上或在你最有可能陷入低迷情绪的时候重新审视它们。

大多数人发现自我批评比自我认可要容易得多。这是多年来不正确的做法造成的。现在是时候扭转这个态度了。当你认可自我的时候，你的士气将受到鼓舞，而高扬的士气对你坚持走下去至关重要。

> **你的技能和素质**
>
> 制作一张表，列出你所认可的你具备的技能和素质。当你需要鼓舞士气的时候，你就可以看看这张表。

敢于不同

另一位顶级销售主管在加入保险行业仅6个月之后聘请了一位秘书。没有人如此勇敢，愿意在自己的收入很高之前对自己进行投资。但他看到了自己在把某些事情做到最好与委派其他事情上的潜力。现在，他拥有4名团队成员，收入是行业平均收入的10倍！

你很可能自己阻碍了自己的发展。你可以聘请一位助理，或尝试一种别人没有使用过的方法：可能是在设备或辅助人员方面进行投资，或者以一种新的方式进行演示。不管使用什么方法，再看一看，再想一想，不要害怕与众不同。

也许你会成为一种激励，不仅对自己，也对别人。许多平庸的销售人员用标准的方式行事，得到的也仅是标准的结果而已。要想获得成功，你必须明确决心、专心致志、积极向上、严守纪律，并且敢于不同。

仅仅敢于不同并不会起到什么作用。然而在明确决心、专心致志、积极向上、严守纪律的前提下敢于不同，你会达到一个新的水平。究竟是什么阻碍了你的发展？现在，请想清楚你愿意为此做什么。要着眼于你能创造的长期的效益，而不是短期内你周围的人施加给你的阻力对你造成的改变。

制作一张这样的表格，并记下你的答案。

究竟是什么阻碍着我前进？	
我愿意为此做出什么？	
我可以期待什么结果呢？	

克服障碍

大多数人会看到自己和目标之间有许多障碍。其实障碍会一直存在。

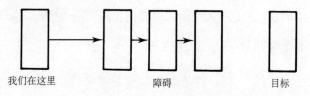

我们在这里   障碍   目标

帮助我们克服障碍的心态非常简单直接：心怀目标，集中精力绕开障碍。它看起来是这样的：

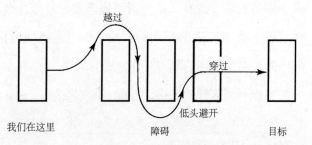

我们在这里   障碍   目标

在现实中，障碍是帮助我们成长的挑战。某个人的障碍也许对其他人来说不算什么，因为他们已经获得了这个方向上的技能。那么，为什么不朝着这个方向前进，也获得这些技能呢？

迅速达成你的目标

让我们问问自己以下问题：

● 如果我们没有目标，会发生什么？

● 如果我们脑海中的目标不明确，会发生什么？

● 如果我们把目标视为一整个，而不是分解为每日份额的话，会发生什么？

我们可能会觉得自己前进得太慢，或根本无法达成目标。我们会陷入一个恶性循环。

我们每天可以做些什么以确保自己身处一个上升的螺旋中，从而越来越接近我们的目标？答案是我们要有一个明确的目标，将其细化分解为由很多个部分组成的实际行动，每天成功解决一个部分。

幸福与你朝着自己目标前进的速度成正比。

当你养成纪律性的时候，成功便会掌握在你的手中。没有它，你就相当于放弃了权力。你的明确目标是什么？有助于你达成目标的细分行动是什么？

选择具有挑战性的路径

我认识的一位成功的女士说："当你走到人生的十字路口时，要选择最有挑战性的那条路。"她为什么会提出这样的主张呢？因为挑战能让我们成长，能让我们感觉良好。如果我们背离了具有挑战性的道路，我们便会停滞不前。

我在一场演讲中对一群来自马来西亚的销售主管谈到了这个概念，其中一位主管是IBM的销售人员。一年半后，他来找我，说这个建议完全改变了他的生活。他一直都做得很好，但是，在他下定决心在每个关口选择最具挑战性的路径之后，他的生活变得难以置信的丰富，充满了新鲜的令人兴奋的机遇。

想想你面前有哪些具有挑战性的路径。也许你还没有从这个角度仔细观察过它们，或许它们会为你带来丰富多彩、令你振奋的崭新机遇。千万不要放弃它们。勇于直面具有挑战性的路径并克服障碍需要我们心怀成功的信念。要做到这一点，最好的办法就是从过去的成功中提炼能量。

首先想想你在具有挑战性的路径上将会面临的障碍。

想想你过去的成功

现在想想你过去所获得的所有成功，想想你在职业生涯早期及接受教育时期的那些成功，想想你所赢得的任何一场竞争或比赛，无论你那时多么年轻。你拥有的哪些品质帮助你赢得了胜利？你仍然具备哪些品质？现在到了充分利用这些品质来帮助你克服障碍的时候了。

每个人的潜力都远远超出他自己的想象。你心中的目标或愿景一定完全适合你，其他人不会拥有与你一模一样的愿景。不要让一个简单的障碍阻止你前行。用你的强项去攻克它。

总结

今天我们研究了实施动力与支持体系的几个最重要的因素。

我们发现，从事销售与经营我们自己的业务十分相似。我们的报酬，至少其中的一部分，往往与结果相联系。没有销售＝没有薪水。因此，我们需要做自己的教练、自己的啦啦队队长、自己的目标制订者，以及能给我们带来成功的工作体系的创建者。

我们也分析了销售的过程中需要尽可能多的支持，并且探讨了获得支持的一些途径。我们学会了如何保持积极向上的心态，如何释放消极想法，以及如何消除低迷情绪。

我们研究了敢于与众不同，以及选择最具挑战性的路径的必要性。

而且，最重要的是，我们了解了克服障碍的"越过—低头绕开—穿过"的方法，它不仅可以用于销售领域，也可以用于生活的方方面面。

星期日

星期一

星期二

星期三

星期四

星期五

星期六

请记住:

当你走到人生的十字路口时，请选择最具挑战性的那条路。

小测试

1. 获得人们支持的关键在于什么？
a) 同样愿意给他们提供支持
b) 明确你所需要的支持的种类，提出明确的要求
c) 设置你的目标，分享你的进步
d) 上述所有选项

2. 保持积极向上的心态的第一步是什么？
a) 注意到你的想法
b) 吃一顿丰盛的早餐
c) 每天锻炼身体
d) 与你的老板在早晨见面

3. 消除低迷情绪的最好方法是什么？
a) 花时间来确认你做得正确的事情
b) 花时间来认可你的持之以恒
c) 承认你的决心
d) 上述所有选项

4. 为了提高你的销售业绩而保持士气高扬，其中很重要的一点是什么？
a) 人们会喜欢你
b) 它让你继续前行
c) 你的家人会注意到
d) 你会自我感觉良好

5. 创建成功模式最重要的一步是什么？
a) 知道你想做什么
b) 征得你老板的同意
c) 积极地相信你可以做到这一点
d) 写下你的计划

星期日
星期一
星期二
星期三
星期四
星期五
星期六

6. 为什么不是等达到目标之后再认可自己，而是在前进的道路上就进行自我认可呢？
a) 为了帮助你记住你要去哪里
b) 为了帮助你记住你为什么去那里
c) 因为到达终点的时间太长
d) 为了走出低迷情绪，保持高扬的士气

7. 为什么大多数人认为进行自我批评比自我认可更容易呢？
a) 其他人喜欢这样
b) 他们在童年便建立了这个观念
c) 他们已经进行了多年这样的实践
d) 这感觉不错

8. 为什么制作一张写满你的技能和素质的列表并偶尔翻阅一下是一件非常好的事情呢？
a) 它能让你露出笑容
b) 在翻阅列表的时候，你能想到一些好点子
c) 它能提高你的士气
d) 它会在你需要的时候捍卫你的地位

9. 下列哪一选项是避开障碍的好方法？
a) 把它们当作帮助我们成长的挑战
b) 越过、低头绕开或穿过
c) 停下来做点别的
d) a 和 b

10. 关于这一哲理——"当你走到人生的十字路口时，请选择最具挑战性的那条路"，下列哪一选项是正确的？
a) 挑战让我们成长
b) 它为你提供了更多的锻炼机会
c) 如果我们背离最具挑战性的道路，我们便会停滞不前
d) a 和 c

逆境生存法则

没有人喜欢艰难的时刻。艰难时刻会给市场带来恐慌，雇主不知道他们的客户，甚至他们的供应商是否还在。然而，好消息就是，在经济不景气时，市场对优秀销售人员的需求尤为迫切。掌握了这七个章节介绍的技巧，你就会信心十足，有能力找到一个令你满意且高薪的销售职位。

以下十个重要小贴士能够帮助你实现这一目标，并且会对你的职业生涯产生巨大影响。

1. 谈论目标

无论你是正在寻找更好的工作、寻求晋升还是瞄准加薪，请记住，每个人都能够对目标这一概念做出良好的回应。在对客户进行销售的时候，跟他们谈谈他们的目标。这表明你关切并了解他们所面临的挑战。然后，让他们知道你的产品或服务可以帮助他们达成目标。

在未来的雇主面前一直谈论目标。这就向他们表明，你有一整套体系，能保证自己达到他们设定的目标。通过谈论目标，你能与他们在同一频道上进行更好的沟通。不要忘了每天深思细想自己的目标，以获得更大的成功。

2. 访问现有的和过去的客户

一些销售人员逃避与现有的和过去的客户交谈，担心他们会抱怨。事实正好相反。通过访问过去的和现有的客户，了解他们从你的产品或服务中获得的好处，你可能会让他们重拾兴趣，提升他们的黏度，也可能会让他们对你的其他产品或服务感兴趣，从而促使你拿到新的销售订单。在这个过程中，你可能会获得三个方面的收益：产品反馈、客户评价与额外推荐。

3. 了解购买动机

多达80%的低效的销售人员在还不了解客户的购买动机时，就先推销产品与服务。他们自以为知道客户的动机，然而，假设往往是错误的。如果你想最大化地完成你的销售，就要问清楚你的潜在客户，他们对产品的优势和特性的要求。这样，你就可以把你的演示瞄准他们的实际需要，你可以因此节省无数个小时，用于创造更多的销售业绩，也就有多余的时间去拓展客户。你将会成为行业上层那20%的一流销售人员。

4. 展示灵活性

人性的一个有趣的方面便是它的灵活性。客户往往在一开始的时候觉得自己必须找到一个具备功能A、B和C的产品或服务。然而，当功能X、Y和Z呈现在他们眼前的时候，他们常常会为此着迷，然后改变他们之前优先考虑的。这告诉我们一项非常重要的销售技巧：最大限度地扩大销售。当无法向客户提供他们一开始要求的那些功能时，你也不要气馁，你的产品或服务的其他方面也许可以弥补甚至超越那些未被满足的最初的客户要求。客户可能会对你和你的公司比对你的竞争对手更具信心。探索这些想法而不是无奈接受失利，你的事业一定会蒸蒸日上。

5. 把异议变得对你有利

占比为2%的一流销售专家从不会被异议绊住前进的步伐。事实上，他们会珍惜异议。要加入他们的行列，学会珍惜异议，你需要明白的是，潜在客户提出异议其实是他们表现出兴趣的一种形式。如果一个人毫无兴趣，那么他不会浪费时间来提出异议。那2%的一流销售专家选择将异议视为一个问题、一种鼓励。然后，他们会使用星期三那一章中介绍的三步异议消除法。通过采用同样的态度和技巧，你就能加入那2%的顶尖行列，不仅能够在艰难时期生存下来，而且会收获良多。

6. 好好把握销售的过程

成功的销售并非凭感觉做出来的。一个成功销售的过程一定具备一个精确的结构。只有了解这个结构，你才会成功。正如一个制造过程，销售过程也有其组成部分，其中包括发现企业和个人的购买动机，展示产品的专业信息，了解竞争对手的优势和劣势，将需求与好处相联系，解决异议，重新审视客户的需求和产品提供的好处——最后一点也很重要——圆满的收尾。通过掌握这些技能，你的艰难时期会变成美好的时光，甚至可能是最好的时光。

7. 趁热打铁

不少销售人员仓促利用销售结束前的那一点点时间，因为他们错过了询问客户决定的合适时机。在投入了巨大的精力探索、预约和陈述之后，低效的销售人员没有及时询问收尾问题便结束了一单销售。他们欺骗自己，让自己相信并不需要询问客户的想法，或者他们认为自己等待的时间已经过长。千万不要让这个情况发生在你的身上。仔细学习星期五那一章节所探讨的客户兴趣阶段，充分掌握"趁热打铁"这一技能。

8. 创建你自己的激励实践体系

为了在艰难时期生存下来，我们需要让每一分钟都有其存在的意义——无论是完成一笔销售的收尾工作，还是获得更多的潜在客户。要做到这一点，最好的方法是创建一个万无一失的、易于使用的体系，它会告诉你每天需要将多少笔销售进行收尾，以及需要获得多少位新的潜在客户。星期五的那一章节告诉了你一个可靠、正确的方法——去创建一个适合你的完美体系。这会让你即刻知道你应该每天朝哪个方向努力，最大限度地提高你的销售业绩。

9. 敢于不同

为了获得销售领域最高水平的成功，请你试着想象一下自己正在独立创业。如果你拥有一个零售或制造公司，你无疑会根据自己的判断运营这个公司。你不会跟随其他企业主的做法，尤其是当他们未取得成功或业绩平庸时。然而，当销售人员产生关于如何精进自己的销售业务的好想法，却发现没有人这样做的时候，他们往往会压制这一想法。不要让这一情况发生在你的身上，你要将艰难时期变为成功时期，追随你的灵感，敢于与众不同。

10. 选择最具挑战性的路径

当你走到人生的十字路口时，你有两个选择：你可以选择走轻松的路径，一条你以前走过的熟悉的道路；或者，你可以选择一条更具挑战性的、你未曾尝试过的道路。选择的权利在你的手上。

　　研究表明，大多数成功人士选择了具有挑战性的那条道路。他们这样做是因为挑战性的道路有助于个人的成长，能够给予他们运用和提高技能与知识的机会，提升个人发展的多样性；而且，这也将给他们带来更大的责任、更优的收入和更高的满足感。下一次当你面对这一选择的时候，试着选择那条最具挑战性的道路，以保证自己能在艰难时期生存下来，获得成功。

小测试答案

星期日
1d; 2d; 3b; 4c; 5b; 6d; 7a; 8c; 9d; 10b.
星期一
1c; 2a; 3c; 4d; 5d; 6a; 7d; 8b; 9d; 10d.
星期二
1d; 2a; 3b; 4a; 5c; 6d; 7d; 8d; 9b; 10b.
星期三
1d; 2c; 3a; 4d; 5d; 6d; 7a; 8b; 9b; 10d.
星期四
1d; 2a; 3d; 4a; 5b; 6d; 7d; 8b; 9b; 10c.
星期五
1b; 2b; 3d; 4d; 5d; 6d; 7a; 8d; 9d; 10d.
星期六
1d; 2a; 3d; 4b; 5c; 6d; 7c; 8c; 9d; 10d.

图书在版编目（CIP）数据

成功销售 ／（英）克莉丝汀·哈维著；朱祺子译. —
杭州：浙江大学出版社，2019.2

书名原文：Successful Selling

ISBN 978-7-308-18832-6

Ⅰ. ①成… Ⅱ. ①克… ②朱… Ⅲ. ①销售-方法
Ⅳ. ①F713.3

中国版本图书馆CIP数据核字(2018)第291147号

浙江省版权局著作权合同登记图字：11-2016-293

成功销售

[英] 克莉丝汀·哈维　著　朱祺子　译

责任编辑	张一弛
特约编辑	王怡翾
责任校对	杨利军
封面设计	天行健
出版发行	浙江大学出版社
	（杭州市天目山路148号　邮政编码 310007）
	（网址：http://www.zjupress.com）
排　　版	杭州林智广告有限公司
印　　刷	浙江新华数码印务有限公司
开　　本	787 mm×1092 mm　1/32
印　　张	5.375
字　　数	68千
版 印 次	2019年2月第1版　2019年2月第1次印刷
书　　号	ISBN 978-7-308-18832-6
定　　价	32.00元